SingLiesel

MIX
Papier aus verantwortungsvollen Quellen
FSC® C014138

Satz: Martin Janz, Freiburg i.Br.
Umschlaggestaltung: Martin Janz, Freiburg i.Br.
Druck: FINIDR, Czech Republic

ISBN 978-3-948106-64-5

www.singliesel.de

Bildnachweise: shutterstock.com

Alle Kurzaktivierungen in diesem Buch sind aus der Praxis entstanden und vielfach erprobt. Bitte vergessen Sie nicht, dass jeder Mensch seine spezielle Tagesform und seine einzigartige Biografie mitbringt, die Sie berücksichtigen müssen. Nicht jede Übung oder jedes Spiel passt für jeden. Die Autorinnen und der Verlag haften nicht für etwaige Personen- oder Sachschäden.

Natali Mallek | Annika Schneider

Kurzaktivierungen ohne Material

Last-Minute-Ideen für den Frühling

Inhalt

Einleitung

Sobald das erste Schneeglöckchen seinen Kopf aus der Erde schiebt, sehnen die Menschen den Frühling herbei. In unseren Kurzaktivierungen zum Frühling haben wir 30 Frühlingsthemen aufgegriffen, die diese wunderschöne Jahreszeit greifbar und erlebbar machen. Sie erzählen von Hasen, Frühlingsblumen und Regenbögen. Es geht um die Dinge, die im Frühling dafür sorgen, dass unser Herz weiter und unser Leben bunter wird.

Kurze Begegnungen für mehr Lebensqualität

Manchmal ist im Arbeitsalltag nur wenig Zeit für den persönlichen Kontakt und es ist eine große Herausforderung, diesen sinnvoll für die Begegnung auf Augenhöhe zu nutzen. Unsere Ideen zeigen Ihnen, wie Sie auch kurze Begegnungen zum Beziehungsaufbau nutzen können. Auf der Grundlage von Empathie und Verständnis möchten wir Ihnen helfen, Momente zu schaffen, die die Lebensqualität steigern.
Dabei haben wir die Bücher dieser Reihe bewusst so aufgebaut, dass Sie kein zusätzliches Material brauchen, um in die Begegnung zu gehen. Alle Ideen sind abwandelbar und können mit etwas Fingerspitzengefühl an die Bedürfnisse der Menschen, denen Sie begegnen, angepasst werden.

Die Bedeutung von Jahreszeiten für Menschen mit Demenz

Die Jahreszeiten sind die Uhr der Natur und sie durchdringen und beeinflussen das menschliche Leben auf vielen Ebenen. Von unserer Ernährung und unserem körperlichen und seelischen Wohlbefinden über unsere Aktivitäten in Haus und Garten oder in der Freizeit bis hin zu kulturellen Festivitäten – die Jahreszeiten spielen eine komplexe Rolle.

Vertrautheit, Sicherheit und Struktur. Durch ihre Vertrautheit geben uns die Jahreszeiten Sicherheit und Struktur und helfen uns bei der zeitlichen Orientierung. Diese Eigenschaften machen sie in der Arbeit mit Menschen mit Demenz als Bezugspunkt so wertvoll. Wenn die eigene Orientierungsfähigkeit schwindet, können die Routinen der Jahreszeiten einen Ankerpunkt bilden und ein wenig Ordnung in die innere Unruhe bringen.

Erlebnisse für alle Sinne. Jede Jahreszeit ist mit besonderen Erlebnissen für die Sinne verbunden. Wenn wir an den Sommer denken, spüren wir die warmen Sonnenstrahlen auf der Haut, während der Gedanke an den Winter uns vielleicht den Klang eines prasselnden Kaminfeuers hören lässt. Im Frühling riechen wir den Duft frischer Blumen und das Wort „Herbst" reicht aus, um Erinnerungen an bunte Blätter und Kastanienmännchen aufsteigen zu lassen.

Erinnerungen und Verbindung. Die Erinnerungen, die wir mit den Jahreszeiten verbinden, sind tief in unserem Langzeitgedächtnis verankert. Bei Menschen, die in einem ähnlichen Kulturkreis und unter ähnlichen klimatischen Bedingungen leben und gelebt haben, gibt es im Erleben der Jahreszeiten und im Erinnerungsspektrum viele Gemeinsamkeiten. Ein Blick auf die Gemeinsamkeiten stärkt die Verbindung zu anderen Menschen und kann neue Brücken im Miteinander bauen und das Gemeinschaftsgefühl stärken.

Aufbau der Kurzaktivierungen

Die Kurzaktivierungen bzw. Kurzbegegnungen zu den vier Jahreszeiten sind immer gleich aufgebaut. Dadurch schaffen Sie in Ihrer Arbeit einen ritualisierten Ablauf und nutzen die Struktur, um Vertrauen zu stärken und Sicherheit zu schenken. Wie bei allen Anregungen, die wir entwickeln, handelt es sich um Vorschläge, die mit Empathie und Einfühlungsvermögen an die individuellen Menschen, mit denen Sie arbeiten, angepasst werden müssen und sollen. Auch wenn sich Krankheitsbilder und Ressourcen oft ähneln, sind die Situation, die Tagesstimmung und individuelle Faktoren immer wieder neu. Scheuen Sie sich also nicht davor, von den Vorschlägen abzuweichen und diejenigen Anregungen herauszugreifen, die für Sie, die Menschen, mit denen Sie arbeiten, und die Situation passen.

Die Haltung

Die Kurzbegegnung ist eine wunderbare Möglichkeit, mit den Menschen in Kontakt zu kommen. Dieses In-Kontakt-Kommen, die Begegnung auf Augenhöhe und das Miteinander, ist auch das Hauptziel der Kurzaktivierungen, die wir in diesem Buch vorstellen. Durch gemeinsam verbrachte Zeit und geteilte Erinnerungen ist es möglich, die Beziehung zu stärken. In der Hektik des Alltags die richtige Haltung einzunehmen und aufrechtzuhalten, kann anstrengend sein. In der Praxis ist es daher hilfreich, sich die Grundpfeiler einer vertrauensbildenden, annehmenden Haltung bewusst zu machen.

Respekt hilft uns, die persönlichen Ressourcen und Lebensleistungen der Menschen zu sehen und persönliche Grenzen zu respektieren. Bei einer Kurzbegegnung handelt es sich immer nur um ein Angebot und Angebote können auch abgelehnt werden. Professionalität hilft uns, die Reaktionen der Menschen richtig einzuordnen.

Einfühlungsvermögen brauchen wir, um die Perspektive der Menschen einzunehmen, mit denen wir arbeiten. Manche können sich verbal gut mitteilen, bei anderen sind wir allein auf unsere Beobachtungsgabe angewiesen. Hilfreich ist es, wenn wir unsere Wahrnehmungen auch mit den Kolleginnen und Kollegen besprechen, denn mehrere Perspektiven ermöglichen einen ganzheitlicheren Blick.

Geduld ist ein integraler Bestandteil bei der Arbeit mit Menschen. Wenn wir mit pflegebedürftigen Menschen und Menschen mit demenziellen Erkrankungen arbeiten, wird sie noch wichtiger. Nur wenn wir unserem Gegenüber ausreichend Zeit geben, Reize wahrzunehmen und darauf zu reagieren, können wir ein Gefühl dafür entwickeln, was wir mit unserem Angebot erreichen.

Das Zeitmanagement

In der Praxis ist der Grund für eine Kurzaktivierung häufig, dass eine Einzelbetreuung noch „erledigt" werden muss und vom Arbeitstag nicht mehr viel übrig ist. Das ist völlig verständlich und ein durchaus legitimer Grund, eine kurze Begegnung durchzuführen. Trotzdem ist es in der Praxis schwieriger, die zuvor beschriebene Haltung einzunehmen und sich selbst und dem Menschen, mit dem man arbeitet, genug Raum zu geben, wenn die Kurzbegegnung ungeplant unter Zeitdruck stattfindet. Wir möchten aus diesem Grund ein starkes Plädoyer dafürhalten, auch Kurzbegegnungen zu planen und die dafür benötigte Zeit realistisch einzuschätzen. Wenn Sie beispielsweise in einer Einrichtung der Altenhilfe arbeiten, bieten Sie die Kurzaktivierung meistens nicht nur einem Menschen an. Außerdem benötigen Sie hinterher auch noch Zeit, um die durchgeführte Begegnung zu dokumentieren. Mit einer Planung, die diese Punkte berücksichtigt, sind Sie in der Kurzbegegnung entspannter, und das kommt sowohl Ihnen zugute als auch den Menschen, mit denen Sie arbeiten.

Der Ablauf

Die Ideen für die kurzen Begegnungen in diesem Buch können sowohl für Einzelbegegnungen als auch in der Gruppe genutzt werden. Sollte an irgendeiner Stelle der Umsetzung das Gespräch einfach locker fließen und die Kommunikation von Mensch zu Mensch entspannt ohne weitere Anregungen auskommen: Perfekt!

Verzichten Sie auf weiteren Input und lassen Sie es fließen. Sollte dies nicht der Fall sein, nehmen Sie sich so viele der Anregungen heraus wie nötig, um eine angenehme Atmosphäre zu schaffen.

Vermeiden Sie Überforderung

Achten Sie dabei unbedingt darauf, Überforderung zu vermeiden. Lesen Sie sich dafür die Anregungen im besten Fall vor der Durchführung einmal durch. Besonders bei neurodegenerativen Erkrankungen kann es sein, dass einige Gesprächsimpulse oder Rätselideen zu komplex für die Teilnehmenden sind. Lassen Sie sie in diesem Fall einfach weg und konzentrieren Sie sich auf den Einsatz des Bildes, auf die Vorleseelemente, die Lieder und Gesprächsimpulse, die Sie für geeignet halten. Die Vorschläge für die Kurzbegegnungen umfassen jeweils sechs Kategorien. Sie beginnen mit einem Bild, an das sich eine kurze Erzählung anschließt. Es geht weiter mit Fragen, mit denen Sie Gesprächsimpulse setzen können, interessanten Fakten, die ebenfalls die Entwicklung einer Unterhaltung unterstützen können, und Rätselideen, mit denen die grauen Zellen ein bisschen in Schwung kommen. Bei allen Themen finden Sie unter „Das passt noch“ weitere Ideen zum Vorlesen oder auch das ein oder andere Lied, das angestimmt werden kann.

Bilder

Mit den Bildern schaffen Sie einen gelungenen Einstieg in die vorgeschlagenen Themen. Die Abbildungen sind besonders groß, damit Menschen mit Sehbeeinträchtigungen sie möglichst gut wahrnehmen. Entscheiden Sie je nach Möglichkeiten und Ressourcen Ihres Gegenübers, wie Sie über das Bild sprechen. Sie haben zum Beispiel folgende Möglichkeiten:

- Fragen Sie, was die Teilnehmenden auf dem Bild sehen. Fragen Sie auch nach Einzelheiten und ob das Bild etwas Bekanntes darstellt.

- Fragen Sie, wann die Teilnehmenden das Abgebildete das letzte Mal gesehen haben. Fragen Sie auch nach persönlichen Empfindungen zu dem Bild.

- Wenn die Teilnehmenden das Bild nicht sehen können ODER wenig bis gar nicht sprechen, dann beschreiben Sie das Bild aus Ihrer Perspektive so genau wie möglich.

Kurze Geschichten

Die kleinen Erzählungen am Anfang sind bewusst positiv gehalten. Sie sind so konzipiert, dass sie Ruhe ausstrahlen und einen achtsamen Blick auf das Thema lenken. Die kleinen Geschichten können in der Praxis langsam vorgelesen werden. Sie bilden den Grundstein für vielfältige Gesprächsimpulse.

Gesprächsimpulse

Bei den Gesprächsimpulsen ist es besonders wichtig, dass Sie die Ideen auswählen, die für Ihr Gegenüber passend und angemessen sind. Die Fragen zu jedem Thema sind bewusst umfassend gewählt und unterscheiden sich in ihrer Komplexität stark. Nutzen Sie im Rahmen einer Kurzbegegnung nicht alle Gesprächsimpulse, sondern die, die am besten geeignet sind.

Achten Sie auch auf die Biografie der Teilnehmenden. Einige Fragen beziehen sich beispielsweise darauf, ob die Menschen etwas mit ihren Kindern gemacht haben. Wer keine Kinder hat, fühlt sich dann eher nicht angesprochen. Sie können diese Fragen daher bei Bedarf auch erweitern auf beispielsweise Nichten und Neffen.

Bei der Auswahl der Gesprächsimpulse sollten Sie die vorhandene Zeit genauso wie die kognitiven Möglichkeiten der Teilnehmenden und die emotionalen Befindlichkeiten im Blick behalten.

Der Umgang mit starken Emotionen kann in der Praxis eine große Herausforderung sein. Selbstverständlich haben wir die Themen und die damit verbundenen Gesprächsimpulse so gewählt, dass im Idealfall der Blick auf die positiven Aspekte des Seins und des Lebens gelenkt wird. Die persönlichen Erfahrungen von Menschen sind allerdings so unterschiedlich, dass es immer passieren kann, dass wir negative Erinnerungen wachrufen. Wichtig ist, dass wir die Menschen genau beobachten, es wahrnehmen, wenn das passiert, und begleiten, soweit es uns möglich ist und von den Menschen gewünscht wird. Was ein Mensch braucht, wenn er traurig, ängstlich oder wütend wird, ist individuell. Ein Gespräch, einen Spaziergang, eine warme Tasse Tee, eine Hand zum Halten oder auch Ruhe und Alleinsein sind einige Ideen, die helfen können.

Wussten Sie das?

Unter dieser Überschrift haben wir interessante Fakten zum Thema zusammengetragen. Einige sind bekannter als andere und manche laden zum Staunen ein.

Auch bei den Fakten in diesem Abschnitt lohnt es sich meist, nur ausgewählte vorzulesen. Wählen Sie immer unter dem Gesichtspunkt aus, was am ehesten für eine angenehme Atmosphäre sorgt und die Teilnehmenden zu eigenen Gesprächsbeiträgen ermuntert.

Rätselideen

Zu jedem Thema schlagen wir jeweils zwei Übungen vor, mit denen das Gehirn trainiert werden kann. Die Übungen variieren in der Schwierigkeit und decken die verschiedenen Ziele eines ganzheitlichen Gedächtnistrainings ab. Übungen für das Gedächtnistraining sind jedoch immer nur so lange sinnvoll, wie die Teilnehmenden Freude empfinden und ein Erfolgserlebnis haben.

Das passt noch

Vielleicht suchen Sie im Anschluss an eine Kurzbegegnung noch nach einer weiteren Idee zum Vorlesen, gemeinsamen Singen oder Musikhören. Dann werden Sie unter der Überschrift „Das passt noch“ fündig. Dort finden Sie ergänzende Impulse zum Thema.

Nun wünschen wir Ihnen und den Menschen, die Sie begleiten, viel Freude bei den frühlingshaften Kurzaktivierungen!

Natali Mallek und Annika Schneider

Bienen

Fleißige Bienen

Auf ihrem Weg durch den Wald kommt Andrea immer an einer Wiese vorbei. Auf dieser Wiese stehen große Holzkästen, die ein Imker dort aufgestellt hat. Die Bienenstöcke werden von emsigen Bienen umschwirrt. Andrea bleibt gerne am Rande der Wiese stehen und beobachtet die Bienen bei ihrem Treiben. Ihr ständiges Kommen und Gehen fasziniert sie. Die Bienen wissen anscheinend genau, wo sie hinmüssen und was ihre Aufgabe ist. Heute entdeckt Andrea eine Biene, die zu einer Blume neben ihr am Wiesenrand fliegt. Die Biene lässt sich nicht von ihr stören und verrichtet fleißig ihre Arbeit. Andrea muss unbedingt mal wieder beim Imker vorbeigehen, sie hat plötzlich große Lust auf ein Honigbrötchen bekommen.

Gesprächsimpulse

- Haben Sie schon mal Bienenstöcke gesehen oder wissen Sie, wo bei Ihnen in der Nähe Bienenstöcke aufgestellt sind? Schauen Sie dem Treiben an einem Bienenstock gerne zu oder haben Sie Angst, gestochen zu werden, und halten sich eher fern?

- Honig ist eine besondere Spezialität. Mögen Sie Honig? Wo haben Sie Honig gekauft? Welchen Honig mögen Sie gerne? Kennen Sie Rezepte mit Honig? Welche?

- Bienen stechen normalerweise nur, wenn sie sich bedroht fühlen. Gelingt es Ihnen, ruhig zu bleiben, wenn eine Biene in Ihrer Nähe ist? Oder werden Sie schnell nervös und haben Angst vor einem Stich?

- Bei einem Bienenvolk weiß jedes Mitglied genau, was seine Aufgabe ist. Welche Vorteile hat es, wenn das eigene Leben vorherbestimmt ist? Welche Nachteile gehen damit einher?

Wussten Sie das?

- In einem Bienenstaat erledigen über 60 000 Arbeiterinnen ihre Aufgaben. Dabei gibt es viel zu tun. Sie halten Wache, putzen, bauen, ernten, produzieren Honig und füttern die Larven.

- Die Königin ist die einzige Biene eines Bienenvolkes, die Nachkommen erzeugt. Im Frühjahr ist sie damit beschäftigt, pro Tag bis zu 2000 Eier zu legen.

- Eine Bienenkönigin paart sich in ihrem Leben nur ein einziges Mal auf dem sogenannten Hochzeitsflug. Die Spermien, die sie dabei sammelt, reichen für den Rest ihres Lebens.

- Bienen zeigen sich gegenseitig durch verschiedene „Tänze“ den Weg zu guten Nahrungsquellen. Sie laufen zum Beispiel im Kreis oder in Bögen und vibrieren mit dem Hinterteil.

- Eine Arbeitsbiene verlässt ca. 10-mal täglich ihren Stock und fliegt dabei 250 bis 300 Blüten an. In ihrem Leben, das zwischen vier und fünf Wochen dauert, produziert eine Biene ca. zwei Teelöffel Honig.

Rätselideen

Buchstabieren

Lassen Sie die Teilnehmenden verschiedene Wörter rund um das Thema „Bienen“ buchstabieren. Kürzere Wörter sind einfacher zu buchstabieren. Wer besonders fit ist, kann die Wörter auch rückwärts buchstabieren.
Geeignete Beispielwörter: Bienenvolk, Bienenstock, Arbeiterin, Königin, Wabe, Drohne, Bienenstich, Honig, Stachel, Stich.

Reimwörter

Finden Sie gemeinsam Wörter, die sich auf das Wort „Wabe“ reimen.
Beispiellösungen: Rabe, Gabe, Schabe, habe, grabe, Narbe.

Das passt noch

Gleich und gleich (1827)

von Johann Wolfgang von Goethe

Ein Blumenglöckchen vom Boden hervor
war fröhlich gesprossen im lieblichen Flor.
Da kam ein Bienlein und naschte fein –
die müssen wohl beide füreinander sein.

Blumentopf

Der zerbrochene Blumentopf

Simon war wütend und traurig zugleich. Er hatte sich nur einmal unbedacht umgedreht und da war es passiert: Er hatte einen wunderschönen Blumentopf seiner Frau von der Fensterbank gestoßen. Natürlich war er zerbrochen. Die Pflanze hatte, wie durch ein Wunder, überlebt und die meiste Erde mit den Wurzeln festgehalten. Nur ein paar Bröckchen hatten sich auf dem Boden verteilt. Simon hob alles auf und legte es auf den Tisch. Er hatte eine Idee. In der Abstellkammer lag noch eine Tube Alleskleber. Damit konnte er den Blumentopf wieder zusammenkleben. Schnell machte er sich ans Werk. Scherbe für Scherbe fügte er das Gefäß zusammen. Wie durch ein Wunder fand er immer das richtige Teil. Als seine Frau nach Hause kam, stand der Blumentopf samt Pflanze wieder an seinem Platz.

Gesprächsimpulse

- Hatten Sie früher Blumentöpfe in Ihrer Wohnung oder in Ihrem Haus stehen? Wie sahen die Blumentöpfe aus? War es ein buntes Sammelsurium oder passten die Blumentöpfe zusammen?
- Welche Zimmerpflanzen haben Sie im Laufe Ihres Lebens besessen? Hatten Sie bei Zimmerpflanzen einen grünen Daumen oder sind Ihnen die Pflanzen regelmäßig eingegangen?
- Erinnern Sie sich an einen Gegenstand, der Ihnen mal aus Versehen kaputtgegangen ist? Wissen Sie noch, was Sie darüber hinweggetröstet hat? Konnten Sie den Gegenstand ersetzen?
- Haben Sie schon mal etwas mit viel Mühe repariert? Ist Ihnen die Reparatur gelungen? Woher hatten Sie das Wissen, um den Gegenstand zu reparieren?
- Ein altes Sprichwort besagt, dass Scherben Glück bringen. Glauben Sie daran? Welche Glücksbringer sind Ihnen im Laufe Ihres Lebens begegnet?

Wussten Sie das?

- Auch völlig intakte Blumentöpfe aus Terrakotta werden in Süddeutschland manchmal „Scherben“ genannt.
- Blumentöpfe aus Metall sollte man bepflanzt nicht in der prallen Sonne aufstellen. Durch die Sonneneinstrahlung kann sich das Metall erhitzen, wodurch die Erde schnell austrocknet und Wurzeln beschädigt werden.
- Wenn eine neu gepflanzte Blume ihre Wurzeln nicht gut in die neue Erde ausbreitet, nennt man das den „Blumentopfeffekt“. Die Wurzel bleibt nahezu in der Form des Topfes, in dem sie vorher gewachsen ist.

- Es gibt durchsichtige Blumentöpfe, die häufig als „Orchideentopf“ bezeichnet werden. Man nutzt sie für Pflanzen, deren Wurzeln Chlorophyll enthalten.

- Es ist ein Mythos, dass Pflanzen in großen Töpfen schneller wachsen. Im Gegenteil: Ein zu großer Blumentopf kann zu einer Wurzelfäule beitragen. Für das Wachstum der Pflanze ist nicht der Topf, sondern Licht, Bewässerung, Dünger und Raumtemperatur verantwortlich.

Rätselideen

Zusammengesetzte Wörter

Suchen Sie gemeinsam zusammengesetzte Wörter, die das Wort „Topf“ enthalten.

Beispiellösungen: Topfpflanze, Blumentopf, Schnellkochtopf, Eintopf, Suppentopf, Topfkuchen, Topflappen, Topfuntersetzer.

Durcheinandergewürfelt

Hier ist jeweils ein Sprichwort rund um Töpfe und Blumen mit einem anderen Sprichwort durcheinandergewürfelt worden. Können die Teilnehmenden erraten, um welches Sprichwort es geht?

- Wer im Topf sitzt, soll nicht mit Deckeln werfen.
  Lösung: Wer im Glashaus sitzt, soll nicht mit Steinen werfen. / Auf jeden Topf passt ein Deckel. Für jeden Topf findet sich ein Deckel.

- Stille Wasser sagen mehr als Worte.
  Lösung: Stille Wasser sind tief. / Blumen sagen mehr als Worte.

- Lügen schlagen kurze Wurzeln.
  Lösung: Lügen haben kurze Beine. / Wurzeln schlagen.

Das passt noch

Sie war ein Blümlein hübsch und fein (1874)

von Wilhelm Busch

Sie war ein Blümlein hübsch und fein,
Hell aufgeblüht im Sonnenschein.
Er war ein junger Schmetterling,
Der selig an der Blume hing.

Oft kam ein Bienlein mit Gebrumm
Und nascht und säuselt da herum.
Oft kroch ein Käfer kribbelkrab
Am hübschen Blümlein auf und ab.

Ach Gott, wie das dem Schmetterling
So schmerzlich durch die Seele ging.

Doch was am meisten ihn entsetzt,
Das Allerschlimmste kam zuletzt.
ein alter Esel fraß die ganze
Von ihm so heiß geliebte Pflanze.

Eier in Senfsoße

Herrliche Mahlzeit

Sabine ließ die Butter langsam in einem Topf schmelzen. Sie gab etwas Mehl dazu und schüttete nach und nach die Milch in den Topf. Den Senf fügte sie erst ganz zum Schluss hinzu, damit er seinen Geschmack behielt und an die Soße abgeben konnte. Der Senf spielte die Hauptrolle, denn heute gab es Eier mit Senfsoße. Die Eier hatte Sabine schon vorher hart gekocht. Jetzt pellte sie die Eier und verteilte sie auf den Tellern. Dann kam die Senfsoße dazu, die perfekte Kombination. Sabine lief das Wasser im Mund zusammen. Manch einer mochte Eier mit Senfsoße für ein Arme-Leute-Essen halten, für Sabine war es ein Hochgenuss.

Gesprächsimpulse

- Mögen Sie Eier mit Senfsoße? Haben Sie das Gericht schon einmal gegessen? Haben Sie es selbst schon einmal zubereitet? Worauf kommt es für Sie bei diesem Gericht an?
- Wie essen Sie Ihre Eier am liebsten? Mögen Sie lieber harte Eier, wachsweiche oder sehr weiche Eier? Ziehen Sie Spiegelei oder Rührei vor? Mögen Sie Rührei mit weiteren Zutaten wie Zwiebeln, Speck oder Kräutern?
- Mögen Sie Senf? Welche Senfsorten kennen Sie? Zu welchen Gerichten passt Senf? Kennen Sie Gerichte, die mit Senfkörnern gewürzt werden?
- Welche Gerichte verbinden Sie mit der Bezeichnung „Arme-Leute-Essen"? Haben Sie diese Gerichte früher häufig gegessen? Welche Gerichte essen Sie heute noch? Kennen Sie ein „Arme-Leute-Essen", das Sie besonders gerne mögen?
- Einer Redewendung nach gibt es Menschen, die immer ihren „Senf dazugeben" müssen. Was verbinden Sie mit dieser Redewendung? Kennen oder kannten Sie einen Menschen, der immer seinen Senf dazugeben musste?

Wussten Sie das?

- Das Gericht „Eier mit Senfsoße" hat seinen Ursprung höchstwahrscheinlich in Norddeutschland. Man findet es bereits in Kochbüchern, die Mitte des 19. Jahrhunderts erschienen sind.
- Ein Rezept für die Zubereitung von Senf wurde schon im 1. Jahrhundert n. Chr. von den Römern verfasst.
- Weltweit wird der meiste Senf in Nepal angebaut.

- Die Farbe des Eis unterscheidet sich je nach Huhn. Man kann jedoch nicht anhand des Gefieders erkennen, welche Farbe die Eier haben, die eine Henne legt.

- Ein Huhn braucht ungefähr 24 Stunden um ein Ei zu legen. Beim Brüten dreht es das Ei bis zu 50-mal pro Tag. So bleibt der Dotter in der Mitte.

Rätselideen

Dinge, die gelb sind

Die Hauptbestandteile des Gerichts „Eier in Senfsoße“ sind gelb. Finden Sie Dinge, die genauso gelb sind wie Senf oder Eigelb.
Beispiellösungen: Butterblumen, Paprika, Löwenzahn, Gummistiefel, Sonne, Sterne, Kleidung, Bananen, Zitronen.

Was passiert als Nächstes?

Beschreiben Sie folgende kleine Szene und bitten Sie die Teilnehmenden anschließend, ihre Fantasie spielen zu lassen. Was könnte als Nächstes passieren?

Ein Ehepaar sitzt beim Mittagessen. Der Mann steht auf, um die Senfsoße aus der Küche zu holen, während seine Frau die Eier pellt. Er kommt gerade mit der Porzellanschüssel zurück und tritt über die Türschwelle, als ihr Schäferhund überschwänglich vor Freude aus dem Garten ins Haus kommt und auf sein Herrchen zurennt …

Das passt noch

Singen Sie den folgenden Schlager mit den Teilnehmenden oder hören Sie ihn gemeinsam an.

Der Eiermann (1988)

von Klaus & Klaus

Erbsen

Die Erbsenpflanzen

Vorsichtig setzte Andreas Pflänzchen für Pflänzchen in das vorbereitete Beet. Die Sonne schien von einem wolkenlosen Himmel und die Erde duftete frisch und noch ein wenig feucht. Es war ein wunderbarer Frühlingstag. Andreas betrachtete die kleinen Pflänzchen, die er in den letzten Wochen großgezogen hatte. Behutsam strich er mit dem Daumen über die zarten Blättchen. Nun sollte die Reise für diese kleinen Geschöpfe an einem neuen Ort weitergehen. Hier würden sie in der Sonne gedeihen, wachsen und an Kraft gewinnen. Er freute sich darauf, die Erbsenpflanzen dabei zu begleiten. Und er freute sich auf die Mahlzeiten im Kreis der Familie. Beim Gedanken an Erbsensuppe lief ihm das Wasser im Mund zusammen.

Gesprächsimpulse

- Wie wurde Erbsensuppe in Ihrer Familie zubereitet? Wie essen Sie Erbsensuppe am liebsten? Bereiten Sie die Erbsensuppe noch zu, wie Sie es bei Ihren Eltern kennengelernt haben? Oder haben Sie mit der Zeit ein eigenes Rezept entwickelt? Gab es in Ihrer Kindheit an besonderen Tagen Erbsensuppe? Wenn ja, wissen Sie, warum?

- Welche Gerichte mit Erbsen kennen Sie? Gibt es Erbsengerichte, die Sie besonders gerne essen? Welche bereiten Sie am liebsten zu? Welche essen Sie gerne, können sie aber nicht zubereiten (zum Beispiel, weil Sie kein Rezept haben oder Ihre Stärken nicht in der Küche liegen)?

- Haben Sie früher in Ihrem Garten Gemüse selbst angebaut? Welche Gemüsesorten haben Sie gepflanzt? Wie ist Ihnen der Anbau gelungen? Hatten Sie einen „grünen Daumen" oder war es mühsame Arbeit? Wie wurden die geernteten Gemüsesorten zubereitet? Erinnern Sie sich noch an das Gefühl nach einer erfolgreichen Ernte? Gab es noch mehr Lebensmittel, die Sie selbst gemacht oder hergestellt haben?

- Wie wichtig waren gemeinsame Mahlzeiten in Ihrer Familie? Welche Mahlzeiten wurden zusammen eingenommen? Welche Familienmitglieder waren bei diesen Mahlzeiten dabei? Wer hat sie vorbereitet? Wie haben Sie Mahlzeiten im Laufe Ihres Lebens gestaltet? Was haben Sie dann und wann verändert?

Wussten Sie das?

- Eines der ältesten Fertiggerichte ist die Erbswurst. Sie wurde im 19. Jahrhundert entwickelt und diente ursprünglich der Ernährung der Soldaten im Krieg. Erst im Jahr 2018 wurde ihre Produktion aufgrund zu geringer Nachfrage endgültig eingestellt. Es handelt sich nicht um eine Wurst im eigentlichen Sinne, sondern um eine Fertigsuppe. Die Erbswurst bestand ursprünglich aus Erbsenmehl, Rinderfett, Speck, Gewürzen, Zwiebeln und

Salz, später wurden unter anderem Geschmacksverstärker zugesetzt. Die Erbswurst gab es in Gelb und Grün. Die in einer Rolle verpackten Portionstabletten wurden in kaltem Wasser aufgelöst und anschließend einige Minuten gekocht.

- Die Erbse gehört zu den ältesten Kulturpflanzen. Erbsenfunde gibt es bereits aus dem Jahr 8000 v. Chr. Die Erbse dient nicht nur der Ernährung des Menschen, sondern ist auch ein häufiger Bestandteil von Tierfuttermitteln.

- Die Erbse wird weder in der Bibel erwähnt noch in der Pflanzenheilkunde angewendet. Das Verspeisen von Gerichten mit Erbsen in der Karwoche und der Zeit der Raunächte sollte zu Unglück führen. In manchen Gegenden wird Erbsensuppe zum Leichenschmaus serviert, früher wurde sie auch bei der Totenwache gereicht. Außerdem glaubte man, dass Erbsen die Fruchtbarkeit erhöhen.

- In Deutschland werden etwa 95 000 Tonnen Erbsen jährlich gegessen.

Rätselideen

Gemeinsamkeiten finden

Finden Sie Dinge, die etwas mit Erbsen gemeinsam haben.

- Erbsen sind süß. Was ist noch süß?
  Beispiellösungen: Karotten, Äpfel, Bonbons, Kuchen.

- Erbsen sind rund. Was ist noch rund?
  Beispiellösungen: Murmeln, Bälle, Johannisbeeren, Orangen.

- Erbsen sind klein. Was ist noch klein?
  Beispiellösungen: Bohnen, Sonnenblumenkerne, Zuckerperlen, Tabletten.

Was würden Sie tun?

Überlegen Sie gemeinsam, was Sie in folgender Situation tun oder denken würden.

Sie sitzen in einem Restaurant. Plötzlich kullern unzählige getrocknete Erbsen über den Fußboden …

Das passt noch

Ich wollte, meine Lieder (Anfang 19. Jahrhundert)

von Heinrich Heine

Ich wollte, meine Lieder
Das wären Blümelein:
Ich schickte sie zu riechen
Der Herzallerliebsten mein.

Ich wollte, meine Lieder
Das wären Küsse fein:
Ich schickt sie heimlich alle
Nach Liebchens Wängelein.

Ich wollte, meine Lieder
Das wären Erbsen klein:
Ich kocht eine Erbsensuppe,
Die sollte köstlich sein.

Erdbeeren

Erdbeerpflanzen

Sophie liebte ihre Erdbeerbeete. Die roten Köpfchen in dem saftigen Grün der im Frühling erwachten Natur – das war eines der schönsten Bilder, die sie in ihrem Leben begleitet hatten. Jedes Jahr kamen ein paar Pflänzchen dazu. Und irgendwann, meist nach einem lauen Frühlingsregen, war es dann so weit. Die saftigen, tiefroten Erdbeeren konnten geerntet werden. Die ersten landeten natürlich sofort in Sophies Mund. In einer einzigartigen Mischung aus vollmundiger Süße und angenehmer Säure breitete sich ihr Aroma aus. Ein wunderbares Geschmackserlebnis. Sie dachte an Erdbeerkuchen, Vanilleeis mit Erdbeeren und selbst gekochte Marmelade. Ihre Augen leuchteten vor Vorfreude.

Gesprächsimpulse

- Mögen Sie auch so gerne Erdbeeren wie die Frau in der Geschichte? Wie essen Sie sie am liebsten? Welche Zubereitungsformen kennen Sie und setzen Sie gerne um? An was denken Sie, wenn Sie Erdbeeren essen? Welche Gefühle wecken die kräftig roten Früchte? Gibt es Erinnerungen an besondere Augenblicke, in denen Sie Erdbeeren gepflückt, geerntet oder zubereitet haben?

- Haben Sie früher Erdbeeren gepflanzt und geerntet? Im eigenen Garten oder auf dem Balkon? Wurden Sie immer mit reicher Ernte beschenkt oder gab es auch Jahre, in denen die Erträge nicht so groß waren? Was war wichtig beim Anbau von Erdbeeren? Worauf musste man achten? Hat Ihnen die Arbeit Freude bereitet?

- Haben Sie neben Erdbeeren auch anderes Obst oder Gemüse selbst angebaut? Wenn ja, welche Sorten? Welches Obst oder Gemüse brauchte viel Aufmerksamkeit? Gab es auch Pflanzen, für die Ihr Garten nicht der richtige Ort war? Was war das für ein Gefühl bei der Ernte? Haben Sie durch den eigenen Anbau ein anderes Verhältnis zu Lebensmitteln bekommen?

- Die Frau in der Geschichte denkt an den süß-sauren Geschmack von Erdbeeren und kann diese Sinneserfahrung sehr bewusst genießen. In ihren Erinnerungen kann sie immer darauf zurückgreifen. Wie geht es Ihnen? Gibt es Geschmäcke oder Düfte, die heute noch mit Erinnerungen aus der Vergangenheit verbunden sind? Sinnesempfindungen, die früher etwas ganz Besonderes waren und es bis heute geblieben sind? Welche waren das und an welche Augenblicke erinnern Sie sich?

Wussten Sie das?

- Erdbeeren gehören nicht zur Gattung der Beeren, sondern zu den Sammelnussfrüchten. Die sogenannten Nüsschen befinden sich auf der roten Schale der Scheinfrucht. Die Nüsschen werden nach dem Verzehr von Tieren wieder ausgeschieden und keimen, um zu neuen Pflanzen heranzuwachsen.

- In der nordischen und römischen Mythologie werden Erdbeeren mit den Liebesgöttinnen in Verbindung gebracht. Sie standen im Volksglauben häufig als Symbol für Sinnlichkeit, Lust und die Verlockung zur Sünde.

- Die schwerste Erdbeere der Welt wog laut dem „Guinness-Buch der Rekorde" aus dem Jahr 2022 289 Gramm.

- Ein Deutscher isst ca. 3,6 Kilogramm frische Erdbeeren pro Jahr.

- Ein Erdbeerjoghurt aus dem Supermarkt enthält eine Erdbeere. Für den Erdbeergeschmack sorgen Aroma und Zucker und die rosa Farbe kommt von einem Rote-Bete-Saftkonzentrat.

Rätselideen

Kennen Sie das von anderer Stelle?

Die Hülle der Erdbeeren ist mit vielen kleinen einzelnen Nüsschen bedeckt. Kennen Sie andere Dinge, die aus vielen kleinen, nahezu gleichen Teilen bestehen?
Beispiellösungen: Himbeere, Puzzle, Brombeere, Pusteblume.

Stichworträtsel

Lesen Sie die Stichwörter langsam vor und lassen Sie die Teilnehmenden erraten, welcher Oberbegriff gesucht wird. Tipp: Alle Begriffe kann man mit Erdbeeren herstellen.

- Sahne, Gebäck, Schichten, garnieren ⇨ **Torte**
- Kugel, kalt, schlecken, Hörnchen/Waffel ⇨ **Eis**
- Teig, Backform, belegen, Stück ⇨ **Kuchen**
- Geliermittel, Zucker, aufkochen, Brotaufstrich ⇨ **Marmelade**

Das passt noch

Erdbeerlese (1878)

von Hoffmann von Fallersleben

Wohin? wohin, ihr lieben Mädchen?
Sophiechen, Mariechen und Gretchen und Käthchen?

Wir wollen im Schatten
Der hohen Buchen
Auf grünen Matten
Erdbeeren uns suchen.

Erdbeeren, sie lachen von fern mich schon an,
Ich hab' so recht meine Freude dran.
So oft ich sie kostete, hab' ich gedacht,
Gott hat sie wohl nur für die Engel gemacht.
So duftig, so schön von Farb' und Gestalt,
Die herrlichste Frucht im ganzen Wald!
O könnt' ich sie pflücken
An jedem Ort,

Ich würde mich bücken
In Einem fort!

Doch um gut sie heimzubringen,
Mein' ich, wird es nötig sein,
Dass wir jetzt vor allen Dingen
Körbchen flechten groß und klein.
Seht, dort am Graben
Sind Binsen zu haben!

Lasst uns denn aus Binsen winden
Körbchen groß und klein!
Alle Beeren, die wir finden,
Legen wir darein.

Welch Entzücken! Erdbeer'n suchen
Und im Schatten bei den Buchen
Auf den Matten Erdbeer'n pflücken!
Wollt's uns glücken! Welch Entzücken!

Es wird uns glücken,
Wir werden sie pflücken!
Klein ist die Mühe, groß der Gewinn:
Heißa, wohlan! Zum Walde hin!

Fahrrad

Radtour

Als Ingrid vor das Haus trat, begrüßte sie eine erfrischende Brise. Helle, wärmende Sonnenstrahlen fielen ihr ins Gesicht. Das Fahrrad stand neben der Haustür bereit und Ingrid freute sich auf ihre morgendliche Tour. Die Räder surrten leise auf dem Asphalt, die Vögel zwitscherten fröhlich und die Blumen am Straßenrand erstrahlten in allen Farben des Regenbogens. Eine andere Radfahrerin fuhr an ihr vorbei und die beiden schenkten sich ein Lächeln und ein freundliches Nicken. Meist fuhr Ingrid morgens nur eine kleine Runde, doch an diesem Tag wurde die Runde etwas größer. Sie genoss den Frühling, die Ruhe und die Schönheit der Natur.

Gesprächsimpulse

- Fahren Sie gerne Fahrrad oder sind Sie in der Vergangenheit gerne Fahrrad gefahren? Was für Strecken sind Sie mit Ihrem Fahrrad gefahren? Haben Sie es eher in der Freizeit genutzt oder auch, um zur Arbeit zu gelangen oder einzukaufen?

- Erinnern Sie sich noch daran, wie Sie Fahrradfahren gelernt haben? Wissen Sie noch, woher Sie das Fahrrad hatten, auf dem Sie fahren gelernt haben? Erinnern Sie sich, wer Ihnen das Radfahren beigebracht hat?

- In der Kindheit hat das Vorankommen mit dem Fahrrad meist eine andere Bedeutung als im Erwachsenenalter. Überlegen Sie, wie sich Ihre Beziehung zum Radfahren im Laufe Ihres Lebens geändert hat. In welchem Lebensalter sind Sie am häufigsten Fahrrad gefahren? Wann hat Fahrradfahren in Ihrem Leben eher keine Bedeutung gehabt?

- Bewegung am Morgen kann die Lebensgeister wecken und den Start in den Tag erleichtern. Haben oder hatten Sie morgendliche Rituale für den Start in den Tag? Welche Routinen haben Sie am Morgen?

- Bewegen Sie sich bewusst oder machen Sie bewusst Sport? Welche Art von Bewegung oder Sport mögen Sie? Zu welcher Tageszeit fällt es Ihnen am leichtesten, Bewegung in Ihren Alltag zu integrieren?

Wussten Sie das?

- Es gibt in Deutschland mehr Fahrräder als Autos. Im Jahr 2019 gab es 76 Millionen Fahrräder und nur 48 Millionen Autos.

- Das Fahrrad wurde aus einer Not heraus erfunden. Aufgrund von Ernteausfällen war es Anfang des 19. Jahrhunderts sehr teuer, Pferde zu versorgen. Karl Friedrich Drais erfand das Fahrrad, um sich unabhängig von Pferden vorwärts bewegen zu können. Das Urfahrrad, das Drais erfand, war ein Laufrad und hatte noch keine Pedale. Man schob das Fahrrad mit seinen Füßen vorwärts und nannte es nach seinem Erbauer Draisine.

- Mitte bis Ende des 19. Jahrhunderts gab es sehr viele Hochräder, weil man leichter größere Entfernungen zurücklegen konnte, wenn die Räder größer waren. Es gab damit allerdings viele Unfälle.

- In Deutschland werden ca. 300 000 Fahrraddiebstähle jährlich zur Anzeige gebracht. Die Dunkelziffer ist vermutlich ähnlich hoch. Von den angezeigten Fällen werden nur 9,1 Prozent aufgeklärt.

- Aus den Kanälen von Amsterdam werden pro Jahr zwischen 12 000 und 15 000 Fahrräder gezogen.

Rätselideen

Wörter, die mit „Fa" beginnen

Finden Sie Wörter, die wie Fahrrad mit dem Buchstabenpaar „Fa" beginnen.

Beispiellösungen: Fahrzeug, Fantasie, fantastisch, fahren, fast, Fasten, Familie, famos, Farbe, Facette, Fach, Fabrik.

Synonyme

Ein Fahrrad dient der Fortbewegung. Finden Sie Wörter, die ein Synonym für „fortbewegen" oder eine Art der Fortbewegung sind.

Beispiellösungen: rollen, fahren, laufen, hüpfen, kriechen, krabbeln, rutschen, rennen, schwimmen, tauchen.

Das passt noch

Zwei Räder und ein bisschen Draht

Zwei Räder und ein bisschen Draht,
wir fahren los, der Frühling naht.
Wir atmen tief und treten los,
wir wollen etwas Freiheit bloß.

Der Wind bläst ins Gesicht,
uns stört das wirklich nicht.
Durch Wiese, Wald und Feld,
solang es uns gefällt.

Die Räder prall, sie rollen
uns dorthin, wo wir wollen.
Wir treten voller Kraft,
bald haben wir's geschafft.

Machen eine kleine Rast,
genießen sie, ganz ohne Hast.
Spüren Friede, Ruhe, Glück,
dann fahren wir beseelt zurück.

Der Frühling, er hat nicht gespart,
zwei Räder und ein bisschen Draht.

Flieder

Lila Blütenzauber

Der lilafarbene Flieder verströmte einen wundervollen Duft. Vorsichtig berührte Hans die kleinen und zarten Blüten. Er sah nach oben und erinnerte sich daran, wie er als Kind schon darunter gespielt hatte. So viele Jahre seines Lebens hatte der Flieder im Garten gestanden und miterlebt. Ein Gefühl von großer Dankbarkeit erfüllte ihn. Er schaute sich um. Es war ein schöner Garten. Er hatte sich dort immer wohlgefühlt. Der Flieder in der Mitte war von Anfang an etwas Besonderes gewesen. Wenn die ersten Blüten der Schneeglöckchen und Krokusse den Garten in zarte Farben tauchten, wusste er, dass die große Fliederblüte nicht mehr weit war. Ein Naturschauspiel, auf das er sich immer wieder aufs Neue freute.

Gesprächsimpulse

- Der Flieder ist mit seinen vielen kleinen und zarten Blüten und den leuchtenden Farben eine beliebte Frühlingspflanze. Wenn die Sträucher und Bäume blühen, legt sich ein wunderschöner Zauber über die Landschaft und die Gärten. Welche Augenblicke sind für Sie die schönsten im Frühling? Welches Naturschauspiel genießen Sie jeden Frühling? Auf das Erleben welches Momentes freuen Sie sich immer wieder aufs Neue?

- Gibt/Gab es Bäume und Pflanzen in Ihrer Umgebung, die zusammen mit Ihnen gewachsen sind? Bäume, die seit Jahren fest verwurzelt an einem Ort stehen, an dem Sie sich immer wieder begegnen? Was ist das für ein Gefühl, wenn Sie sich an Momente erinnern, von denen diese Pflanzen ein Teil waren? Oder andersherum: Erinnern Sie sich beim Anblick der Pflanzen und Bäume an Erlebnisse, die in ihrem Umfeld geschehen sind? Gab es vielleicht einen Baum, an dem Sie auf Ihrem Schulweg regelmäßig vorbeigekommen sind und der Sie hier und da daran erinnert, wie Ihr Pausenbrot schmeckte, das Sie auf dem Rückweg aufgegessen haben?

- Flieder kann als Hausmittel eingesetzt werden, denn er ist gut für die Verdauung, besitzt eine fiebersenkende und beruhigende Wirkung. Auch gegen rheumatische Schmerzen kommt Flieder oft zum Einsatz. Welche Hausmittel kennen Sie noch? Bei welchen hatten Sie das Gefühl, dass diese wirklich geholfen haben?

- Haben Sie den Film „Wenn der weiße Flieder wieder blüht“ gesehen [siehe S. 38]? Mögen Sie den Film? Was hat Ihnen daran gefallen? Was vielleicht auch nicht? An welche Schauspieler erinnern Sie sich? Welche Figur mochten Sie am liebsten? Mit wem fiel es schwer, zu sympathisieren? Welche anderen Heimatfilme kennen und mögen Sie? Welche Schauspieler haben Sie gerne gesehen?

Wussten Sie das?

- Im Jahr 1565 brachte ein österreichischer Gesandter den Flieder aus der Türkei an den Wiener Hof. Von dort aus zog der Flieder in die mitteleuropäischen Gärten ein.
- Der Schwarze Holunder wird in einigen Regionen auch als „schwarzer Flieder" bezeichnet. Er gehört jedoch nicht zum Gemeinen Flieder.
- Wenn der Flieder blüht, ist der Frühling in vollem Gange, er blüht im sogenannten Vollfrühling.
- Flieder gehört zur Gattung der Ölbaumgewächse. Er wird häufig als Zierstrauch gepflanzt. Der hier bekannte Sommerflieder ist mit dem Gemeinen Flieder nicht verwandt. Hornissen und Wespen nagen bei trockenem Wetter an den Zweigen des Flieders, um an den Pflanzensaft zu kommen.
- Der Film „Wenn der weiße Flieder wieder blüht" aus dem Jahr 1953 mit Magda Schneider, Hertha Feiler und Willy Fritsch gehört zu den populärsten Filmen der 1950er Jahre. In dem Film feierten Romy Schneider und Götz George ihre Filmdebüts. Das gleichnamige Lied, das dem Film seinen Titel gab, war in den 1920er Jahren ein bekannter und beliebter Schlager. Das glückliche Ende war bei dem Musikfilm, im Gegensatz zu anderen Filmen dieser Epoche, nicht von Beginn an vorhersehbar.

Rätselideen

Zungenbrecher

Üben Sie gemeinsam den Zungenbrecher „Flinke Füchse fangen flauschige Fliederblüten beim fröhlichen Frühlingsspaziergang".

Im Mittelpunkt steht der gemeinsame Spaß und nicht die fehlerfreie Aussprache. Sie können den Zungenbrecher auch kürzen, um ihn an den jeweiligen Bedarf anzupassen.

Silben zählen

Bitten Sie die Teilnehmenden, Flieder-Wörter nachzusprechen und dabei die Silben zu zählen.

Wortbeispiele: Fliederbeere (4), Fliederbusch (3), Fliederblütenstrauß (5).

Das passt noch

Flieder (1903)

von Otto Julius Bierbaum

Stille, träumende Frühlingsnacht ...
Die Sterne am Himmel blinzelten mild,
Breit stand der Mond wie ein silberner Schild,
In den Zweigen rauschte es sacht.
Arm in Arm und wie in Träumen
Unter duftenden Blütenbäumen
Gingen wir durch die Frühlingsnacht.

Der Flieder duftet berauschend weich;
Ich küsse den Mund dir liebeheiß,
Dicht überhäupten uns blau und weiß
Schimmern die Blüten reich.
Blüten brachst du uns zum Strauße,
Langsam gingen wir nach Hause,
Der Flieder duftete liebeweich ...

Frankfurter Grüne Soße

Lieblingsgericht

Robert atmete den Duft der frischen Kräuter ein. Borretsch, Kerbel, Kresse, Petersilie, Pimpinelle, Sauerampfer und Schnittlauch hatte er gewaschen und gehackt. Frankfurter Grüne Soße mit Pellkartoffeln und Schnitzeln würde es heute geben. Das Rezept für die Grüne Soße kannte er auswendig. Frankfurter Grüne Soße mit Pellkartoffeln war sein Leibgericht. Nachdem die Kräuter mit den restlichen Zutaten vermischt waren, ließ er das Ganze noch etwas im Kühlschrank ziehen. Normalerweise aß er die Grüne Soße nur mit Kartoffeln, aber heute hatte er seine Nachbarin eingeladen. Da sollte es etwas Besonderes geben. Er hoffte sehr, dass die Nachbarin das Gericht genauso lieben würde wie er.

Gesprächsimpulse

- Haben Sie Frankfurter Grüne Soße schon mal gegessen oder sogar zubereitet? Mögen Sie sie? Ist das Gericht für Sie eine Alltagsspeise oder etwas Besonderes?

- Welche regionalen Spezialitäten kennen Sie außer der Grünen Soße? Für welche Spezialitäten ist Ihr Heimatort bekannt?

- Die Nachbarschaft ist ein Ort, der mehr oder weniger harmonisch sein kann. In welcher Art von Nachbarschaften haben Sie im Laufe Ihres Lebens gewohnt? Erinnern Sie sich an Nachbarn, zu denen Sie ein sehr gutes Verhältnis hatten?

- Welche Kräuter mögen Sie gerne? Haben Sie schon mal selbst Kräuter angebaut? Welche Kräuter gehören für Sie zwingend zu einem bestimmten Gericht?

- Welche Gerichte haben Sie oder Ihre Familie gerne serviert, wenn Gäste kamen? Gab es, wenn Besuch kam, häufig dieselben Gerichte oder war das sehr unterschiedlich?

Wussten Sie das?

- Es gibt verschiedene Rezepte für Frankfurter Grüne Soße mit variierenden Kräutern. Meist sind mindestens die folgenden sechs Kräuter in den Rezepten aufgeführt: Borretsch, Kerbel, Kresse, Sauerampfer, Pimpinelle und Schnittlauch.

- Tatsächlich „grün“ ist die Soße eher im Frankfurter Großraum. Denn dort werden die Kräuter bzw. die Soße püriert. In Osthessen beispielsweise bleibt die Soße eher weiß, da die Kräuter nur grob gehackt werden.

- Einer Legende nach war die Mutter von Johann Wolfgang Goethe die Erfinderin der Frankfurter Grünen Soße. Leider gilt diese Legende heute als widerlegt.

- In der Antike wurde die Petersilie von den Griechen als heilige Pflanze angesehen.

- Borretsch enthält einige ungesunde Inhaltsstoffe, die bei gelegentlichem Verzehr unbedenklich sind. Häufig sollte man ihn jedoch nicht zu sich nehmen.

Rätselideen

Buchstabieren

Lassen Sie die Teilnehmenden verschiedene Wörter zum Thema „Frankfurter Grüne Soße“ buchstabieren. Kürzere Wörter sind einfacher zu buchstabieren. Wer besonders fit ist, kann die Wörter auch rückwärts buchstabieren.
Geeignete Beispielwörter: Borretsch, Kerbel, Kresse, Sauerampfer, Pimpinelle, Schnittlauch, Salzkartoffeln, Kräuter, Eier, Senf, Essig, Spezialität.

Reimwörter

Finden Sie Wörter, die sich auf „Speise“ reimen.
Beispiellösungen: Reise, Gleise, Meise, Weise, Preise, Kreise, leise.

Das passt noch

Petersilie (vor 1806)
von Achim von Arnim

Was hab ich meinem Schätzlein zuleide getan?
Es geht wohl bei mir her, und sieht mich nicht an;
Es schlägt seine Augen wohl unter sich,
Und sieht einen andern Schatz wohl lieber als mich.

Petersilie, das edle grüne Kraut!
Was hab ich meinem Schätzelein so vieles vertraut;
Vieles Vertrauen tut selten gut,
So wünsch ich meinem Schätzelein alles Guts.

Alles Guts und noch viel mehr,
Ach wenn ich nur ein Stündelein bei meinem Schätzchen wär;
Ein Viertelstündchen zwei und drei,
Damit ich mit meinem Schatz zufrieden sei.

Gartenarbeit

Die Harke

Monika durchwühlte den Schuppen. Wo war sie nur? Sie brauchte dringend die kleine Harke. Über die Herbst- und Wintermonate hatte sich viel Moos auf dem Boden ausgebreitet. Der Boden war ganz verkrustet und musste aufgelockert werden. Bei der Suche fand sie eine kleine Kiste, in der noch viele Saattütchen lagerten. Neugierig schaute Monika hinein. Samen für Salat, Möhren und bunte Blumen waren dabei. Die Tütchen würden auch schon bald zum Einsatz kommen. Doch erst musste der Boden aufgelockert werden. Endlich tauchte die Harke auf. Sie hatte sich in einem großen Eimer versteckt und dort auf ihren Einsatz gewartet. Es war endlich so weit. Monika freute sich auf die Arbeit in den Beeten.

Gesprächsimpulse

- Hatten Sie einen eigenen Garten oder vielleicht einen Balkon, auf dem Sie ein bisschen gärtnern konnten? Haben Sie Obst und Gemüse angebaut oder eher Blumen gepflanzt und gesät?
- Welche Gartenarbeiten verbinden Sie typischerweise mit dem Frühling? Welche der Arbeiten haben Sie gerne durchgeführt? Welche Gartenarbeiten waren eher lästig für Sie?
- Welche Gartengeräte haben Sie im Laufe Ihres Lebens besessen? Welche Geräte halten Sie für unverzichtbar, wenn man einen Garten hegen und pflegen möchte?
- Pflanzen werden in Gärten häufig gedüngt. Haben Sie Dünger gekauft oder haben Sie selbst welchen hergestellt? Für welche Pflanzen haben Sie Dünger verwendet?
- Es gibt Tätigkeiten, wie die Gartenarbeit, die im Herbst und vor allem im Winter fast vollständig zum Erliegen kommen. Kennen Sie weitere Tätigkeiten, die erst im Frühling wiederaufgenommen werden? Auf welche Tätigkeiten freuen Sie sich im Frühjahr?

Wussten Sie das?

- Es war lange Zeit üblich, Beete im Frühjahr umzugraben. In der heutigen Zeit raten viele Experten davon ab, weil dadurch wichtige Mikroorganismen im Boden durcheinanderkommen.
- Das Ausbringen von Dünger sollte an die (geplante) Bepflanzung angepasst werden. Kartoffeln und Kohl brauchen zum Beispiel mehr Nährstoffe als Kräuter.

- Die meisten Gartenböden sind ausreichend mit Kalk versorgt. Moos weist nur selten auf einen sauren Boden hin. Häufiger tritt es aufgrund einer verkrusteten Bodenoberfläche auf.

- Frühblüher sind nicht nur schön anzusehen, sie sind auch wichtig für die Tierwelt. Frühblüher ziehen Insekten an, die sie mit Nahrung versorgen. Insekten wiederum sind eine wichtige Nahrungsquelle für viele Vogelarten.

- Pflanzen kommunizieren miteinander, indem sie eine Art Duftstoff aus ihren Blüten, Blättern und Wurzeln abgeben.

Rätselideen

Was passt nicht zu den anderen?

Nennen Sie jeweils die vier aufgeführten Begriffe und fragen Sie die Teilnehmenden, welcher Begriff nicht so richtig zu den anderen passt. Fragen Sie auch immer nach der Begründung. Meistens gibt es mehrere Möglichkeiten, die Übung zu lösen.

- Spaten, Schneeschaufel, Harke, Rechen
  Beispiellösung: Die Schneeschaufel benutzt man nicht für die Gartenarbeit, sondern zum Schneeschippen.

- Gießkanne, Gartenschlauch, Regentonne, Rasensprenger
  Beispiellösung: Die Regentonne ist ein Auffangbehälter für Wasser, sie bewässert nicht unmittelbar die Pflanzen.

- Balkon, Terrasse, Wintergarten, Geräteschuppen
  Beispiellösung: Der Geräteschuppen ist eher ein nützlicher Lagerplatz als ein erweiterter Wohnraum zum gemütlichen Verweilen.

Verstecktes Wort

Lesen Sie die sieben Wörter jeweils langsam vor und fragen Sie dann, in welchen zwei Wörtern sich das Wort „Erde“ versteckt.

- Gebärde, Wedeln, Pf**erde**stall, Gestade, Edelstein, Schafh**erde**, Werte.

Das passt noch

Im Märzen der Bauer (1923)

(Volkslied)

Im Märzen der Bauer die Rösslein einspannt.
Er setzt seine Felder und Wiesen in Stand.
Er pflüget den Boden, er egget und sät
und rührt seine Hände früh morgens und spät.

Die Bäurin, die Mägde, sie dürfen nicht ruhn,
sie haben im Haus und im Garten zu tun;
sie graben und rechen und singen ein Lied
und freu’n sich, wenn alles schön grünet und blüht.

So geht unter Arbeit das Frühjahr vorbei,
dann erntet der Bauer das duftende Heu;
er mäht das Getreide, dann drischt er es aus.
Im Winter, da gibt es manch fröhlichen Schmaus.

Gummistiefel

Regenwetter

Es geschah nicht oft, dass Iris anfing, zu lächeln, wenn es in Strömen regnete. Doch heute löste das Wasser vom Himmel ein Gefühl von Freude in ihr aus. Am letzten Regentag war sie hinausgegangen und nach einer halben Stunde völlig durchnässt zurückgekommen. Ihre Socken musste sie hinterher auswringen und es dauerte eine Ewigkeit, bis ihre Füße wieder aufgewärmt waren. Danach hatte sie vorgesorgt und sich wunderschöne, knallgelbe Gummistiefel gekauft. Nun war es endlich so weit. Sie konnte ihre neuen Gummistiefel ausprobieren. Vorher zog sie noch dicke, kuschelige Socken an, die garantiert nicht nass werden würden. Dann schnappte sie sich ihren Regenschirm und ging hinaus. Wie schön es war, durch den Regen zu laufen. Man brauchte nur die richtige Ausrüstung.

Gesprächsimpulse

- Waren Sie schon einmal richtig durchnässt vom Regen? Wann ist Ihnen das das letzte Mal passiert? Wie haben Sie sich gefühlt? Was haben Sie im Anschluss gemacht, um sich zu trocknen und sich aufzuwärmen?
- Besitzen Sie Gummistiefel oder anderes wasserdichtes Schuhwerk? Hatten Sie als Kind Gummistiefel? Tragen oder trugen Sie die Gummistiefel oder die wasserdichten Schuhe gerne?
- Gummistiefel gibt es mittlerweile in allen Farben und mit vielen Bildern und Mustern. Wie sahen oder sehen Ihre Gummistiefel aus? Können Sie sich Gummistiefel auch als modisches Accessoire vorstellen oder sind Gummistiefel für Sie ausschließlich Mittel zum Zweck?
- Welche Kleidungsstücke haben Sie sich im Laufe Ihres Lebens gekauft, um sich vor bestimmten Wetterlagen zu schützen? Haben Sie dabei in weiser Voraussicht oder aus bitterer Erkenntnis gehandelt?
- Es gibt den Spruch, dass es kein schlechtes Wetter, sondern nur schlechte Kleidung gibt. Was ist mit dem Spruch gemeint? Stimmen Sie dem Spruch zu? Warum oder warum nicht?
- Sind Sie jemand, der in einen leichten Frühlingsregen hinausgeht, um den Regen zu spüren, oder bleiben Sie lieber unter einem Dach oder einem Schirm? Wie war das früher? Wie hat sich Ihr Verhältnis zu Regen oder zu Wetter allgemein im Laufe der Jahre - von der Kindheit bis heute - verändert? Wissen Sie, warum es sich verändert hat? Wie haben Sie diese Veränderungen erlebt?

Wussten Sie das?

- Im Jahr 2002 wurde der Rekord für die höchste Niederschlagsmenge im Erzgebirge aufgestellt. Es waren Niederschlagsmengen von 312 Litern pro Quadratmeter. Im Anschluss kam es leider zu einem folgenschweren Hochwasser an der Elbe.

- In Deutschland gibt es im Durchschnitt keine 180 Regentage. Am verregnetsten Ort der Welt in Chile regnet es im Durchschnitt an 325 Tagen im Jahr.
- Eine einfache Art Gummistiefel aus Naturkautschuk wurde schon von den Ureinwohnern Südamerikas getragen.
- Gummistiefelweitwurf ist tatsächlich eine Sportart, wahrscheinlich wurde sie Ende des 19. Jahrhunderts von finnischen Seeleuten erfunden. Seit 1992 wird sogar jährlich eine Weltmeisterschaft im Gummistiefelweitwurf veranstaltet.
- Komplett trocken bleiben Füße in Gummistiefeln aber trotzdem nicht. Denn die Füße schwitzen in den Stiefeln immer etwas, weil sie durch den Plastik- oder Gummiüberzug nicht richtig ‚atmen' können.

Rätselideen

Passende Adjektive

Suchen Sie gemeinsam Adjektive, mit denen man Gummistiefel beschreiben kann. Berücksichtigen Sie dabei möglichst viele Wahrnehmungskanäle.

- Wie sehen Gummistiefel aus?
- Wie riechen Gummistiefel?
- Wie fühlen sich Gummistiefel an?

Beispiellösungen: glatt, hoch, gelb, dunkelgrün, einfarbig, mehrfarbig, bunt, gemustert, künstlich, unangenehm, bequem, unbequem, warm.

Was passiert als Nächstes?

Beschreiben Sie folgende kleine Szene und bitten Sie die Teilnehmenden anschließend, ihre Fantasie spielen zu lassen. Was könnte als Nächstes passieren?

Ein Junge geht mit seinen gelben Gummistiefeln vorsichtig zwischen einigen Pfützen spazieren. Ein Mädchen kommt mit seinen bunten Gummistiefeln angehüpft. Auf einmal ...

Das passt noch

Der Regen (18. Jahrhundert)

von Gotthold Ephraim Lessing

Der Regen hält noch immer an!
So klagt der arme Bauersmann;
Doch eher stimm ich nicht mit ein,
Es regne denn in meinen Wein.

Regen! Regen! (19. Jahrhundert)

von Johann Meyer

Regen, Regen,
O, du Gottessegen!
Wo du getropfet allüberall,
Wie wird dich preisen der Gärten Blüh'n
Und der Bäume Grün
Und die Nachtigall
Und der Mensch, – der immer zu klagen, –
In den kommenden, wonnigen Tagen!

Hasen

Schnuppernase

Die Sonne tauchte die Wiese in goldenes Licht, während Johanna auf dem Hügel saß und den sanften Wind spürte. In der Ferne hoppelte ein kleiner Hase über das Gras. Fasziniert beobachtete sie das flauschige Wesen, das sich sorglos im Grün tummelte. Ihre Augen leuchteten vor Freude, als der Hase neugierig näherkam. Zwischen den beiden entstand eine stille Verbindung, eine unsichtbare Brücke aus Zuneigung. Johanna streckte ihm langsam ihre Hand entgegen. Vorsichtig kam der Hase näher und schnupperte. Es kitzelte ein wenig, doch Johanna hielt ihre Hand ganz ruhig. Die Zeit schien stillzustehen, während das Mädchen und der Hase gemeinsam den Augenblick genossen. Nach einer Weile hoppelte der Hase weiter seines Weges. Die Erinnerung an diese magische Begegnung aber blieb für immer in ihrem Herzen.

Gesprächsimpulse

- Sind Sie schon einmal einem Hasen oder einem Kaninchen in freier Wildbahn begegnet? Wenn ja, wie war diese Begegnung? Ist der Hase in sicherer Entfernung geblieben oder konnten Sie aus der Nähe einen Blick wagen? Hatten Sie schon einmal die Möglichkeit, sich einem Tier zu nähern, das von seinem Naturell her eigentlich sehr scheu oder schüchtern ist?

- Meister Lampe – so wird der Hase in Fabeln und Märchen genannt. Er wird manchmal als ängstlich und manchmal als übermütig, manchmal als vorsichtig und manchmal als vorlaut beschrieben. Sind Sie einem Menschen mit diesen Charaktereigenschaften auf Ihrem Lebensweg begegnet? Jemandem, der in manche Situationen sehr ängstlich hineinging, in einem anderen Umfeld aber vielleicht sogar übermütig erschien? Kennen Sie das von sich selbst? Haben Sie unter manchen Umständen sehr selbstsicher gewirkt, hatten unter anderen Bedingungen aber ein vorsichtiges Auftreten? Wissen Sie, warum sich das jeweils für Sie so anfühlte oder Sie so gewirkt haben?

- Das Mädchen in der Geschichte wirkt sehr ruhig und geht sehr vorsichtig auf den Hasen zu. Der Hase scheint Vertrauen zu fassen und eine besondere Zuneigung zu empfinden. Wie wichtig war Vertrauen in Ihrem Leben? Gibt es jemanden, dem Sie vollkommen vertrauen konnten? Jemanden, der behutsam mit Ihnen umgegangen ist und auf Sie geachtet hat? Hatten Sie Menschen um sich herum, bei denen Sie gespürt haben, dass sie Ihnen vertrauen?

- Gibt es Begegnungen oder Erlebnisse aus Ihrem Leben, die Sie für immer in Ihrem Herzen tragen? Auch wenn die Momente der Begegnung nur noch eine Erinnerung sein können und Wege sich verändert haben? Oder gerade deswegen? Welche Augenblicke haben Sie für immer in Ihr Herz geschlossen und mitgenommen?

Wussten Sie das?

- Hasen können auf der Flucht bis zu 72 km/h schnell rennen und bis zu zwei Meter hoch und drei Meter weit springen. Die Tiere können ihre Ohren in die Richtung drehen, aus der der Schall kommt, um möglichst gut zu hören.
- In freier Natur wird ein Hase nicht älter als fünf Jahre. Er wiegt zwischen drei und fünf Kilogramm.
- Hasen sind Einzelgänger und verstecken sich tagsüber in einer Sasse vor eventuellen Feinden. Eine Sasse ist eine Mulde im Boden, in der sie nachts auch schlafen und tagsüber ruhen. Im Winter kann es sogar passieren, dass sie sich dort einschneien lassen.
- Neugeborene Feldhasen können sehen, laufen und haben bereits ein Fell. Sie wiegen ungefähr so viel wie eine Tafel Schokolade. Sie sind den Tag über allein unterwegs und werden zweimal täglich von der Mutter besucht und gesäugt.
- Der Name „Meister Lampe“, den der Hase in Fabeln und Märchen trägt, hat sich aus der Jägersprache entwickelt und lautete ursprünglich „Lamprecht“. Lampe wird die helle Fellfärbung unter dem Hasenschwanz genannt. Diese zeigt sich, wenn Hasen davonrennen. Durch das abwechselnde Heben und Senken des hellen Flecks und sein zwischenzeitliches Verschwinden werden die Verfolger irritiert.

Rätselideen

Reimwörter

Finden Sie gemeinsam Wörter, die sich auf das Wort „Hase“ reimen.
Beispiellösungen: Nase, Vase, Base, Phase, Blase, rase, Phrase.

Kennen Sie das von anderer Stelle?

Sprechen Sie darüber, wann Menschen oder Tiere ähnliche Verhaltensweisen an den Tag legen oder welche Menschen oder Tiere Talente haben.

- Hasen wird manchmal nachgesagt, dass sie scheu sind. Wann werden manche Menschen scheu?
  Beispiellösung: Wenn sie sich unsicher fühlen. Manche scheuen sich zum Beispiel vor großen Gruppen von Menschen, die sie nicht kennen.

Das passt noch

Das Häslein (Ende 19./Anfang 20. Jahrhundert)

von Christian Morgenstern

Unterm Schirme, tief im Tann,
Hab ich heut gelegen,
Durch die schweren Zweige rann
Reicher Sommerregen.

Plötzlich rauscht das nasse Gras.
Stille! Nicht gemuckt! –
Mir zur Seite duckt
Sich ein junger Has'.

Dummes Häschen,
Bist du blind?
Hat dein Näschen
Keinen Wind?

Doch das Häschen, unbewegt,
Nutzt, was ihm beschieden,
Ohren, weit zurückgelegt,
Miene, schlau zufrieden.

Ohne Atem lieg' ich fast,
Lass die Mücken sitzen;
Still besieht mein kleiner Gast
Meine Stiefelspitzen.

Um uns beide – tropf – tropf – tropf –
Traut eintönig Rauschen ...
Auf dem Schirmdach – klopf – klopf – klopf ...
Und wir lauschen ... lauschen ...

Wunderwürzig kommt der Duft
Durch den Wald geflogen;
Häschen schnuppert in die Luft,
Fühlt sich fortgezogen.

Schiebt gemächlich seitwärts, macht
Männchen aller Ecken ...
Herzlich hab ich aufgelacht –
Ei, der wilde Schrecken!

Hühner

Eiersuche

Gerd nahm mutig den kleinen Korb in seine Hand und öffnete die Tür zum Hühnerstall. Er war ganz aufgeregt, weil er das erste Mal allein die Eier für das Frühstück einsammeln durfte. Gerd liebte die Wochenenden bei seinen Großeltern. Und er liebte die Hühner seines Großvaters. Allein war er jedoch noch nie mit ihnen im Stall gewesen. Sie gackerten vor sich hin, pickten Körner auf und scharrten im Stroh. Gerd entdeckte ein – zwei – drei Eier. Er legte sie behutsam in seinen Korb. Vorsichtig streichelte er über die zarte Schale und bewunderte dieses kleine große Wunder der Natur. Eins der Hühner pickte an seinem Schnürsenkel. Es fühlte sich lustig an. Gerd kniete sich hin und berührte vorsichtig ein paar Federn. Sie waren wunderbar weich.

Gesprächsimpulse

- Mögen Sie Hühner? An welche Begegnungen mit Hühnern erinnern Sie sich? Hatten Sie Angst oder Respekt bei der Kontaktaufnahme? Haben Sie sich überhaupt getraut, näheren Kontakt aufzunehmen? Gab es in Ihrer Familie oder Ihrem Freundes-/Bekanntenkreis jemanden, der Hühner gehalten hat? Was haben Sie von dieser Hühnerhaltung mitbekommen?

- Hühner beschenken uns mit ihren Eiern. Ob als Frühstücksei, Spiegelei, Rührei, Omelett – es gibt viele verschiedene Zubereitungsarten und Vorlieben für den Verzehr eines Eis. Wie essen Sie Ihr Frühstücksei am liebsten? Welche Zubereitungsform mögen Sie bei Eiern? Welche Gerichte mit Eiern kennen und mögen Sie? Welches haben Sie in Ihrer Kindheit am liebsten gegessen? Gibt es jemanden, der Eier Ihrem Geschmack nach am besten zubereitet hat?

- Hühner gehören mit zu den beliebtesten Haustieren weltweit. Hatten Sie früher Haustiere? Welche Tiere waren das? Erinnern Sie sich noch an ihre Namen? Welche Haustiere haben Sie in Ihrer Kindheit begleitet?

- In dem Märchen „Die Bremer Stadtmusikanten" fliehen vier Tiere, unter ihnen auch ein Hahn, aus ihrem Zuhause, wo sie nicht mehr gebraucht werden. Sie entdecken die Leidenschaft zur Musik und finden aus eigenem Antrieb, mit viel Kreativität und aus eigener Kraft ein neues selbstbestimmtes Leben, in dem sie zufrieden sind. Welche Leidenschaften konnten Sie in Ihrem Leben leben? Was hätten Sie gerne getan, was aber nicht möglich war? Woran hatten Sie Freude? Was hat Ihnen das Gefühl gegeben, gebraucht zu werden? Was hat Sie in Ihrem Leben erfüllt?

- „Ein blindes Huhn findet auch mal ein Korn", heißt es in einem bekannten Sprichwort. Welche Erfahrungen haben Sie mit diesem Sprichwort gemacht? Wie sind Sie damit groß geworden? An welchen Stellen haben Sie es gehört? Wurde es eher liebevoll eingesetzt, um nicht zu viel Aufmerksamkeit für etwas Geleistetes zu bekommen, oder hatte es die Funktion, etwas abzuwerten?

Wussten Sie das?

- Auf der Welt gibt es pro Mensch ungefähr drei Hühner. Die Hühner gehören weltweit zu den beliebtesten Haustieren. Unsere Haushühner, so, wie wir sie kennen, wurden aus dem Bankaviahuhn gezüchtet, einer Wildhuhnrasse aus Südostasien.

- Freilebende Hühner fressen Sandkörner und Steine, die ihnen beim Zermahlen ihrer Nahrung helfen. Durch die Eigenbewegung des Magens werden sie hin- und herbewegt.

- Hühner können Dinge in ihrer Nähe gut sehen, aber alles, was weiter weg ist als 50 Meter, können sie nicht mehr erkennen.

- Hühner haben vier Zehen, drei sind nach vorn gerichtet, eine nach hinten. Auf der nach hinten gerichteten Zehe sitzt ein kleiner Sporn, der von den Hähnen bei Hahnenkämpfen als Waffe eingesetzt wird. Dieser kann beim Gegner schwere Verletzungen hervorrufen.

- Seidenhühner sind eine ganz besondere Rasse. Sie werden schon seit über 800 Jahren gezüchtet und sind in China entstanden. Das Gefieder wirkt sehr weich, fast wie ein Fell, da die Seitenäste der Federn keine Widerhaken haben. Seidenhühner können nicht fliegen, haben fünf Zehen anstelle von vieren und eine schwarz-bläuliche Haut.

- Hühner haben eine natürliche Lebenserwartung von 15 bis 20 Jahren. Hähne können bis zu 30 Jahre alt werden. In der Lebensmittelindustrie werden Legehennen schon nach 10 bis 18 Monaten geschlachtet, da sie dann nicht mehr genug Eier legen.

Rätselideen

Anagramm

Versuchen Sie, aus den Buchstaben des Wortes „Hühnerstall" so viele neue Wörter wie möglich zu bilden.

Beispiellösungen: Hühner, Stall, Nest, Last, Rast, her, nah, sah, Hahn, er, Tal, Hall.

Synonyme

Die Federn mancher Hühner, vor allem die des Hahns, leuchten in der Sonne. Finden Sie Wörter, mit denen man dieses farbenfrohe Leuchten beschreiben kann.

Beispiellösungen: spiegeln, schillern, glänzen, schimmern, funkeln, glitzern.

Das passt noch

Die fünf Hühnerchen (Ende 19./Anfang 20. Jahrhundert)

von Victor Blüthgen

Ich war mal in dem Dorfe,
Da gab es einen Sturm,
Da zankten sich fünf Hühnerchen
Um einen Regenwurm.

Und als kein Wurm mehr war zu sehn,
Da sagten alle: Piep!
Da hatten die fünf Hühnerchen
Einander wieder lieb.

Kröten

Der versteckte Teich

Auf einem Spaziergang im Wald entdeckte Dieter einen versteckten Teich. Neugierig lugte er zwischen den Blättern hindurch und erspähte eine Kröte. Mit großen Augen betrachtete er das faszinierende Geschöpf, das gemächlich am Ufer herumkroch, und wurde mit einem Mal ganz ruhig. Während Dieter in die glänzenden Augen der Kröte starrte, schien die Welt um ihn herum stillzustehen. Er dachte an verzauberte Prinzen, Geschichten aus der Märchenwelt und fühlte, wie die Natur um ihn herum ihren Zauber legte. Der Junge setzte sich und ließ die Kröte nicht mehr aus den Augen. Noch heute, viele Jahrzehnte später, erinnert er sich bei jedem Spaziergang durch den Wald an dieses Erlebnis zurück.

Gesprächsimpulse

- Gehen Sie gerne im Wald spazieren? Was macht die Stimmung in einem Wald für Sie so besonders? Was schauen Sie sich gerne an? Wo laufen Sie gerne entlang? Zu welcher Jahreszeit gehen Sie am liebsten in den Wald?

- Welche Gedanken und Erinnerungen verbinden Sie mit Kröten? Denken Sie eher an die verwunschene Märchenfigur oder an das nicht ganz so schön aussehende Tier? Haben Sie schon einmal eine echte Kröte in freier Natur gesehen? Was war das für eine Begegnung?

- Lesen Sie gerne Märchen? Haben Sie gerne zugehört, wenn Märchen vorgelesen wurden? Welche sind Ihre Lieblingsmärchen? Wie gefallen Ihnen Märchen, in denen Tiere sprechen können oder Tiere verwunschene Menschen sind? Haben Sie je versucht, sich vorzustellen, wie es wäre, einen Tag als sprechende Kröte oder als ein anderes Tier zu leben?

- In welchen Augenblicken und in welcher Umgebung fühlen Sie eine besondere Verbindung zwischen sich und der Natur? Wo können Sie mit der Natur und sich im Einklang sein? In welcher Umgebung fühlen Sie sich wohl? Welche Farben, Düfte und Elemente aus der Natur mögen Sie besonders gerne?

Wussten Sie das?

- Kröten sind schwerer als ihre Verwandten, die Frösche, und haben kürzere Hinterbeine. Dadurch können sie nicht hüpfen, sondern bewegen sich kriechend vorwärts. Ihre Haut ist trocken. Die Warzen auf der Haut sondern ein Gift ab, mit dem sich Kröten vor Feinden schützen.

- Kröten mögen feuchte Lebensräume. Sie meiden die Sonne. Meist sind sie in der Dämmerung und nachts aktiv.

- Die Kaulquappen der Kröte atmen durch Kiemen. Erst wenn sich der Schwanz verkürzt hat und die Beine ausgewachsen sind, gehen sie an Land und atmen mithilfe dann ausgebildeter Lungen.

- Männlichen Erdkröten fehlt die Schallblase, die Frösche und Unken haben. Sie können nur leise quaken.

- Erdkröten können bis zu zehn Jahre alt werden. Bei der Paarung lassen sich die Männchen von den Weibchen auf deren Rücken zum Wasser tragen. Der Laichvorgang dauert zwischen sechs und zehn Stunden. Dabei legen die Weibchen die Eier an Schnüren ins Wasser und die Männchen befruchten diese sofort. Nach der Paarung trennen sich die beiden wieder.

Rätselideen

Assoziation

Nicht nur Kröten halten sich im Wasser auf. Überlegen Sie gemeinsam, welche Tiere die gesamte oder viel Zeit ihres Lebens im Wasser verbringen.
Beispiellösungen: Otter, Enten, Frösche, Schwäne, Wasser- und Sumpfschildkröten, Biber, Fische, Seehunde, Krokodile.

Was würden Sie tun?

Überlegen Sie gemeinsam, was Sie in folgender Situation tun würden:

Sie gehen in einem Wald spazieren und machen Rast auf einem alten Baumstumpf. Um Sie herum ist alles ruhig. Plötzlich kriecht eine Kröte aus dem Laub zu Ihren Füßen …

Das passt noch

Tierrätsel (Ende 19./Anfang 20. Jahrhundert)
von Johannes Trojan

Giftig bin ich nicht,
Kinder beiß' ich nicht,
Wurzeln mag ich nicht,
Nach Blumen frag' mich nicht.

Würmlein und Schnecken,
Die lass' ich mir schmecken.
Ich sitz' in dunklen Ecken
Und bin sogar bescheiden,
Doch keiner kann mich leiden.

Das trübt mich in meinem Sinn.
Kann ich dafür, dass ich hässlich bin?

Lösung: Das ist die Kröte.

Marienkäfer

Der Siebenpunkt

Für Maria waren Marienkäfer immer ganz besondere Tiere. Bis heute erinnert sie sich an eine wundervolle Begegnung im Frühling. Damals spazierte sie durch den blumig-duftenden Park, als sie eine kleine Bewegung auf ihrer Handfläche spürte. Ein winziger Marienkäfer mit sieben leuchtenden Punkten krabbelte darauf. Lächelnd betrachtete sie das rot glänzende Insekt. Ihre Augen leuchteten. Ein kleiner Glücksbringer. Der Marienkäfer krabbelte vorsichtig über ihre Finger. Fasziniert von der zarten Begegnung setzte Maria den Käfer behutsam in das saftig grüne Gras. Der Marienkäfer krabbelte die Grashalme hoch und runter und Maria schaute ihm noch lange zu – bis er irgendwann davonflog und in der Ferne verschwand.

Gesprächsimpulse

- Glauben Sie, dass Dinge oder besondere Begegnungen Glück bringen können? Wenn ja, welche Glücksbringer haben Sie schon bei sich gehabt? Wie suchen Sie Ihre Glücksbringer aus – dem Gefühl nach, in einem besonderen Moment oder danach, was klassisch als Glücksbringer bezeichnet wird? In welchen Momenten brauchen Sie einen Glücksbringer? Zu welchen Anlässen haben Sie schon einmal jemandem einen Glücksbringer mit auf den Weg gegeben?

- Marienkäfer sind ein beliebtes Zeichen für den Frühling. Ihre Flügel leuchten in der Natur und zaubern wunderschöne Farbtupfer. Woran erfreuen Sie sich im Frühling? In welchen Momenten fühlen Sie, dass der Frühling endlich Einzug gehalten hat? Welche Tiere oder Blumen sind für Sie ein Zeichen des Frühlings?

- Wenn Sie an Ihre Kindheit zurückdenken, erinnern Sie sich an Momente, in denen Sie draußen gespielt und sich mit Dingen beschäftigt haben, die Sie fasziniert haben? Wie haben Sie Ihre Freizeit verbracht? Was haben Sie gerne gemacht? Welche Beziehung hatten Sie zur Natur? Welche Menschen waren um Sie herum, mit denen Sie Zeit verbracht haben?

- Haben Sie früher versucht, für Insekten ein kleines Zuhause zu schaffen? Oder kranke, schwache Tiere zu „retten"? Vielleicht haben Sie sich auch öfter darüber gewundert, dass die Fliegen, die Sie in verschlossenen Marmeladengläsern beherbergt haben, nicht lange überlebt haben? Woran erinnern Sie sich? Was möchten Sie erzählen?

- Sind Sie jemand, der geduldig sein kann? Hätten Sie die Geduld gehabt, in Ruhe abzuwarten, bis der Marienkäfer über Ihre Finger geklettert ist? Hätten Sie ihn im Anschluss noch beobachtet, wie er über den Grashalm krabbelt? In welchen Situationen können Sie geduldig sein? In welchen Momenten oder unter welchen Umständen fällt es Ihnen schwer? Hat sich diese Fähigkeit im Laufe Ihres Lebens verändert? Wenn ja, wie hat sie sich verändert? Haben Sie eine Vermutung, warum sie sich verändert hat?

Wusssten Sie das?

- Der Name „Marienkäfer“ kommt wahrscheinlich daher, dass die Bauern dachten, der Marienkäfer wäre ein Geschenk der heiligen Maria, weil er ihnen so nützlich zur Seite steht. Daher benannten sie ihn nach ihr.
- In der Provence, im Südosten Frankreichs, glaubt man, dass einem Mann die Heirat bevorsteht, wenn ein Marienkäfer auf ihm landet.
- Marienkäfer überwintern in Gruppen. Sie leben ungefähr ein Jahr lang und erleben in diesem Lebensjahr einen Winter. Während der Winterruhe zehren sie von vorher angesammelten Reserven.
- Die Anzahl der Punkte zeigt nicht das Alter des Marienkäfers an. Stattdessen kann man anhand der Anzahl und Anordnung der Punkte die verschiedenen Marienkäfer-Arten unterscheiden.

Rätselideen

Zungenbrecher

Üben Sie gemeinsam den Zungenbrecher „In munterem Miteinander malen magere Marienkäfer malerische Muster auf marmorierte Mohnblumen“.

Im Mittelpunkt steht der gemeinsame Spaß und nicht die fehlerfreie Aussprache. Sie können den Zungenbrecher auch kürzen, um ihn an den jeweiligen Bedarf anzupassen.

Korrektur von Sprichwörtern

Marienkäfer gelten als Glücksbringer. Lesen Sie die folgenden Sätze vor und fragen Sie die Teilnehmenden, was daran nicht richtig ist.

- Wenn in einem kleinen oder großen Unglück doch noch etwas gut gegangen ist, sagt man „Wir hatten wirklich Pech im Unglück!“
  Richtig: Glück im Unglück.

- Wenn man ausdrücken möchte, dass man das eigene Glück selbst in der Hand hat, sagt man „Jeder ist seines Glückes Schneider“.
  Richtig: Jeder ist seines Glückes Schmied.

- Glück ist vergänglich. Dies drückt man aus, wenn man sagt: „Glück und Porzellan, wie leicht bricht das.“
  Richtig: Glück und Glas, wie leicht bricht das.

Das passt noch

Aus: „Die Chronik der Sperlingsgasse“ (1857)

von Wilhelm Raabe

Marienvogel kleine,
Rühre deine Beine,
Kriech an meinem Finger ’nauf,
Setz dich als das Knöpflein drauf!

Ist er nicht ein hoher Turm
Für so kleinen roten Wurm?
Roten Purpur trag ich,
Flüglein viere schlag ich!
Gar kein Flüglein regst du,
Nur zwei Bein bewegst du –
Sechs Beine rühr ich,
Sieben Punkte führ ich,
Fliege höher als der Turm!
Wer ist nun der kleine Wurm? – Ätsch!

Markt

Der Wochenmarkt

Auf dem Wochenmarkt schlossen sich jetzt im Frühling Farben und Düfte zu einem bunten Reigen zusammen. Günter fand sich zwischen strahlenden Blüten, kräftigen Knospen und knackigem Obst und Gemüse wieder. Seine Augen streiften über tiefrote Erdbeeren und lange Rhabarberstangen, während der Duft von frischem Brot die Luft um ihn herum erfüllte. Die Marktverkäufer riefen noch recht leise, aber fröhlich ihre Angebote aus. Es war früh am Vormittag. Angelockt vom frischen Spargel machte er sich Gedanken darüber, was er zum Mittagessen kochen würde. Sorgsam wählte er das Gemüse aus. Günter genoss die Marktbesuche. Hier konnte er ganz im Einklang mit sich und seinen Sinnen sein.

Gesprächsimpulse

- Auf einem Wochenmarkt tauchen wir ein in ein Feuerwerk aus Farben, Düften und Geschmäcken. Wir werden inspiriert, was wir kochen könnten, und unsere Kinder wachsen mit vielen regionalen und saisonalen Produkten auf. Sind Sie früher gerne auf den Wochenmarkt gegangen? Wann sind Sie gegangen und wohin? Was haben Sie eingekauft? Gab es Stände, die Sie bei jedem Gang auf den Markt besucht haben? Hatten Sie einen Lieblingsstand?

- Wenn Sie sich zurückerinnern – wonach riecht Markt für Sie? Welche Düfte haben Sie dort wahrgenommen? Welche Erinnerungen und Gefühle verbinden Sie mit diesen Düften? Haben Sie sich auf dem Markt wohlgefühlt? Hat sich die Verarbeitung der Lebensmittel vom Markt anders angefühlt als die der Waren aus einem Supermarkt?

- Gab es Rituale oder Gewohnheiten, die Sie an Ihre Marktbesuche angeknüpft haben? Zum Beispiel einen Kaffee trinken, eine Waffel essen, in der nahe gelegenen Buchhandlung in Büchern schmökern oder eine Runde durch das Bekleidungsgeschäft an der Ecke machen? Wenn ja, was waren das für Gewohnheiten und wie sind sie entstanden?

- Auf welche Märkte sind Sie am liebsten gegangen? Haben Sie sich auf dem vertrauten Wochenmarkt am wohlsten gefühlt oder waren beispielsweise der Bauernmarkt im Herbst oder der Weihnachtsmarkt in der Adventszeit spannender, da sie etwas Außergewöhnliches waren?

Wussten Sie das?

- Im 13. Jahrhundert gab es in den Gebieten rund um die Ostseeküste sogenannte Vitten. Vitten waren saisonal bestehende Handelsorte für Heringe, die jeweils im Besitz einzelner Hansestädte waren. Hering war aufgrund seiner Nährstoffe bei der Bevölkerung sehr beliebt. An den Handelsorten trafen sich Kaufleute, Fischer, Handwerker und Böttcher, die sich um den Handel und den Vertrieb der Heringe kümmerten. Dazu gehörten auch der

Fang der Heringe, das Ausnehmen und das Einpökeln in Eichenfässern nach bestimmten Vorgaben.

- Ähnlich wie bei dem Verbund der Hansestädte gab es ab 1143 eine Hanse der Handelsplätze. Die erste Marktordnung wurde im österreichischen Enns verzeichnet. Es folgten Marktaufsichten in Nürnberg und Berlin. Bis zum Jahr 1500 gab es schon 5000 regelmäßig wiederkehrende Märkte an etwa 500 Orten.

- Ab dem Mittelalter gab es das Marktrecht. Mit dem Marktrecht stand der Platz, auf dem der Markt stattfand, unter einem besonderen Schutz. Das Marktrecht musste erworben werden. Es war im Mittelalter entscheidend für die Entwicklung von Ortschaften und so etwas wie die erste Stufe zum Erwerb des Stadtrechts.

- Das Symbol der Markthoheit, der Roland, steht heute noch in vielen Städten als Standbild in der Nähe der Marktplätze. Abgebildet ist ein Ritter mit Schwert, der als Sinnbild der Stadtrechte gilt.

Rätselideen

Korrektur von Sprichwörtern/Redewendungen

Lesen Sie die folgenden Sätze vor und fragen Sie die Teilnehmenden, was daran nicht richtig ist.

- Wenn man zwei Umstände vergleicht, die überhaupt nichts miteinander zu tun haben, sagt man: Äpfel mit Weintrauben vergleichen.
  Richtig: Äpfel mit Birnen vergleichen.

- Wenn jemand mit wenig eigenem Zutun ein bewundernswertes Ergebnis erzielt, dann sagt man: Die dümmsten Bauern haben die größten Traktoren.
  Richtig: Die dümmsten Bauern haben die dicksten Kartoffeln.

- Wenn man auf ironische Weise ausdrücken möchte, dass im Überfluss gerade Mangel an einer bestimmten Sache herrscht, sagt man: In der Not schmeckt der Käse auch ohne Brot.
  Richtig: In der Not schmeckt die Wurst auch ohne Brot.

Sätze vollenden

Lesen Sie die folgenden Satzanfänge vor und lassen Sie die Teilnehmenden ganz nach Belieben ergänzen.

- Einen Markt verlasse ich nie, ohne ...
- Auf dem Mark rieche ich am liebsten ...
- Die Geräusche auf dem Wochenmarkt ...

Das passt noch

Hier auf dem Markt bin ich gelaufen (1898)

von Karl May

Hier auf dem Markt bin ich gelaufen,
Um diese Karte mir zu kaufen,
Bis ins Hotel ich wieder kam,
Wo ich zur Hand die Feder nahm,

Um Ihnen wehmutsvoll zu schreiben:
Am besten ist's, daheim zu bleiben,
Weil man als kluger Ehemann
Sich nur zu Hause ärgern kann!

Narzissen

Neue Kraft

Die Luft hatte diesen speziellen Frühlingsduft. Heinz nahm einen tiefen Atemzug. Es war ein anstrengender Tag gewesen und er beschloss, noch eine Runde durch den Park zu spazieren, bevor er sich auf den Heimweg machte. Das Spazieren half ihm dabei, seine Gedanken zu ordnen und runterzukommen. Das Leben war nicht immer einfach, aber die erwachende Natur um ihn herum schenkte ihm Ruhe und Kraft. Vor einem der Blumenbeete blieb er eine Weile stehen. Es war voller leuchtend gelber Narzissen, die ihre Blüten nach oben reckten. Die Blumen erfüllten Heinz mit Zuversicht. „Osterglocken“, dachte Heinz, „stehen für Erneuerung.“ Und so fühlte er sich jetzt auch. Als hätte der Spaziergang ihn ein kleines bisschen erneuert.

Gesprächsimpulse

- Narzissen oder Osterglocken sind typische Frühlingsblumen. Mögen Sie Narzissen? In welcher Farbe mögen Sie Narzissen am liebsten, eher weiß, gelb oder orange?

- Hatten Sie einen Garten, in dem Narzissen gewachsen sind? Haben Sie Narzissen schon einmal in einem Balkonkasten oder einem Blumentopf gehabt? Haben Sie Narzissen schon einmal als Strauß in einer Vase aufgestellt? Haben Sie die Narzissen oder die Zwiebeln selbst gekauft oder wurden Sie Ihnen geschenkt?

- Bewusstes Atmen hilft häufig, mit Gefühlen und Stress umzugehen. Haben Sie auch die Erfahrung gemacht, dass Sie sich mit Ihrem Atem selbst beruhigen können? Nutzen Sie Ihren Atem, um mit Gefühlen umzugehen oder um Ihre Gedanken zu sortieren?

- Gibt es andere Methoden, die Sie nutzen, um Ihre Gedanken zu sortieren? Hilft Ihnen ein Spaziergang, Bewegung oder die Natur, wenn Sie aufgewühlt sind?

Wussten Sie das?

- Große Narzissen-Arten können eine Höhe von bis zu 60 Zentimetern erreichen. Es gibt auch sehr kleine Narzissen, die nur fünf Zentimeter hoch werden.

- Eine Narzisse kann bis zu 20 Blüten ausbilden. Die Blüten sind weiß, orange oder gelb.

- Die meisten Narzissen blühen zwischen Februar und Mai. Es gibt aber auch ein paar Narzissen-Arten, die im Herbst blühen.

- Der Pflanzensaft von Narzissen enthält giftige Substanzen, durch die Hautreizungen entstehen können.

- Die Zwiebel der Narzisse besitzt sogenannte Zugwurzeln, mit denen sie sich selbst tiefer in den Boden „eingraben“ kann. Sitzt die Zwiebel nicht mehr in einer für sie guten Bodentiefe, kürzt und verdickt die Narzisse ihre Wurzeln, wodurch die Zwiebel tiefer in den Boden gezogen und fixiert wird.

Rätselideen

Gegenteile finden

Narzissen können viele Eigenschaften haben. Finden Sie Gegenteile zu den folgenden Eigenschaften von Narzissen:

- farbig, hübsch, angenehm, zahlreich, blumig, beliebt
  Beispiellösungen: farbig – farblos, hübsch – hässlich, angenehm – unangenehm, zahlreich – einzeln, blumig – herb, beliebt – unbeliebt.

Buchstabieren

Lassen Sie die Teilnehmenden verschiedene Frühlingsblumen buchstabieren. Kürzere Wörter sind einfacher zu buchstabieren. Wer besonders fit ist, kann die Wörter auch rückwärts buchstabieren.
Geeignete Beispielwörter: Tulpe, Nelke, Osterglocke, Maiglöckchen, Forsythie, Flieder, Veilchen, Vergissmeinnicht, Hyazinthe, Krokus.

Das passt noch

Geh aus, mein Herz, und suche Freud (1653)

von Paul Gerhardt

Geh aus, mein Herz, und suche Freud
in dieser lieben Sommerzeit
an deines Gottes Gaben;

Schau an der schönen Gärten Zier,
und siehe, wie sie mir und dir
sich ausgeschmücket haben.

Die Bäume stehen voller Laub,
das Erdreich decket seinen Staub
mit einem grünen Kleide;
Narzissus und die Tulipan,
die ziehen sich viel schöner an
als Salomonis Seide.

Die Lerche schwingt sich in die Luft,
das Täublein fliegt aus seiner Kluft
und macht sich in die Wälder;
die hochbegabte Nachtigall
ergötzt und füllt mit ihrem Schall
Berg, Hügel, Tal und Felder.

Die Glucke führt ihr Völklein aus,
der Storch baut und bewohnt sein Haus,
das Schwälblein speist die Jungen,
der schnelle Hirsch, das leichte Reh
ist froh und kommt aus seiner Höh
ins tiefe Gras gesprungen.

Die Bächlein rauschen in dem Sand
und malen sich an ihrem Rand
mit schattenreichen Myrten;
die Wiesen liegen hart dabei
und klingen ganz vom Lustgeschrei
der Schaf und ihrer Hirten.

Nistkasten

Der Nistkasten

Es war zwar ein Bausatz gewesen, den man nur noch montieren musste, aber Petra war trotzdem mächtig stolz auf sich. Ganz allein hatte sie den Nistkasten zusammengebaut. Vier Wände, ein Dach, ein Einflugloch, fertig war das Zuhause für ein paar ihrer gefiederten Freunde. Zum Abschluss montierte sie noch eine kleine Stange vor dem Einflugloch. Dort konnte ein Vogel Halt finden, bevor er die Behausung betrat. Ob wohl schon in diesem Jahr ein Vogelpaar einziehen würde? Vielleicht die Kohlmeisen, die im Winter immer am Futterhäuschen gefressen hatten? Petra konnte es gar nicht abwarten, den Nistkasten aufzuhängen. Sie wusste auch schon genau, wo. Gut geschützt und mit vielen nahen Möglichkeiten, Futter zu finden.

Gesprächsimpulse

- Haben Sie schon mal einen Nistkasten aufgehängt? Wie haben Sie die Stelle ausgewählt, an der Sie den Nistkasten aufgehängt haben? Haben Sie einen Nistkasten für eine bestimmte Vogelart ausgewählt?
- Haben Sie schon einmal Vögel beobachtet, die in einen Nistkasten eingezogen sind? Woran erinnern Sie sich?
- Haben Sie schon einmal selbst etwas aus Holz gebaut? Was haben Sie gebaut? Wie sah es aus? Hatten Sie Hilfe? Was war es für ein Gefühl, als das Gebaute fertig war?
- Können Sie viele heimische Vogelarten auseinanderhalten? Gibt es eine Vogelart, die Sie besonders mögen und schätzen? Gibt es Vogelarten, die Sie nicht gerne mögen?
- Haben Sie Vögel schon einmal gezielt beobachtet? Wo haben Sie das gemacht? Was war das für eine Erfahrung? Haben Sie dabei etwas gelernt?

Wussten Sie das?

- Naturschützer empfehlen, nicht nur Nistkästen für Vögel aufzuhängen. Sie weisen darauf hin, dass auch Schlafmäuse, wie der Siebenschläfer, geschützte Orte brauchen, um ihren Nachwuchs aufzuziehen.
- Das Einstiegsloch bei Nistkästen für Schlafmäuse ist an der hinteren Seite. Die Mäuse laufen den Baumstamm herauf und können dann in den Nistkasten schlüpfen.
- Nistkästen können nicht nur Anfang des Frühjahrs aufgehängt werden, wenn die Vögel eine Brutstätte suchen. Sie sind auch als Winterquartiere gut geeignet.

- Nicht jeder Nistkasten eignet sich für jede Vogelart. Man sollte Nistkästen so auswählen, dass der Durchmesser des Einfluglochs zu den Vögeln passt, die man anlocken möchte.

- Um ein übermäßiges Auftreten an Parasiten wie Wanzen, Flöhe, Federlinge oder Zecken zu vermeiden, ist die Pflege von Nistkästen sehr wichtig. Im Spätsommer, nachdem die Jungvögel ausgeflogen sind, sollte der Nistkasten gereinigt werden.

Rätselideen

Reimwörter

Finden Sie gemeinsam möglichst viele Reimwörter zu dem Wort „Nistkasten".

Beispiellösungen: Rasten, Lasten, fasten, hasten, Masten.

Wo kommt das her?

Lesen Sie den Teilnehmenden die folgende Liedzeile vor und lassen Sie sie erraten, aus welchem Lied sie stammt:

Die Gänse und die Anten, das sind die Musikanten.

Lösung: Alle Vögel sind schon da.

Das passt noch

Der Nistkasten

Ein Kasten hängt dort an dem Baum,
weit oben, man entdeckt ihn kaum.
Es fand ihn auch kein Fink,
zwei Meisen waren flink.

Sie bauen dort ihr trautes Heim
und sind dort nicht lange allein.
Die Eier wurden rasch gelegt,
bis sich das erste sanft bewegt,
dann reißt die Schale, platzt das Ei
es sind der Vogelküken drei.

Vorbei ist jetzt die Ruh,
die Eltern holn im Nu:
Futter ohne Ende,
mit Eifer und behände.

Obstblüte

Das Kirschblütenfest

Beseelt schaute Alexander aus dem Fenster. Die Kirschbäume standen in voller Blüte. Letzte Woche war er noch nicht sicher gewesen, ob das Kirschblütenfest auch stattfinden würde. Doch dann wurden die Knospen an jedem Tag ein bisschen größer, bis sie schließlich aufgingen. Die Kirschbäume säumten beide Seiten der Straße und die Blütenblätter schimmerten strahlend weiß. Am Ende der Straße wurde gerade eine kleine Bühne mit einem Klavier aufgebaut. Es kamen zwar keine Profimusiker zu dem Kirschblütenfest, doch die Musikschule hatte ein kleines Konzert der Schülerinnen und Schüler organisiert. Alexander beeilte sich. Damit auch für das leibliche Wohl gesorgt war, wollte er noch einen Kuchen backen. Natürlich einen Kirschkuchen, auch wenn die Kirschen heute noch aus dem Glas kommen mussten.

Gesprächsimpulse

- Hatten Sie früher Obstbäume im Garten oder in der Nähe Ihrer Wohnung? Erinnern Sie sich noch an die verschiedenen Blüten? Können Sie Obstbäume anhand der Blüte unterscheiden? Gibt es Obstbäume, die Sie besonders gerne mögen?

- Kennen Sie Feste, die stark von der Natur oder vom Wetter abhängig sind? Haben Sie schon erlebt, dass ein Fest aufgrund der Umweltbedingungen abgesagt werden musste? Was war das für ein Fest? Haben Sie auch schon einmal ein Fest erlebt, zu dem das Wetter und die Natur besonders gut gepasst haben? Möchten Sie davon erzählen?

- Spielen Sie ein Musikinstrument? Wenn ja, welches? Haben Sie schon mal vor Publikum gespielt? Wenn Sie kein Instrument spielen, gibt es ein Instrument, das Ihnen besonders gut gefällt?

- Mögen Sie Obstkuchen? Welchen Obstkuchen mögen Sie besonders gerne? Gibt es bestimmte Obstkuchenrezepte, die Sie schon häufig gebacken haben oder die in Ihrer Familie häufig gebacken wurden?

- Verwenden Sie oder haben Sie früher auch manchmal Obst aus Konserven oder aus dem Glas verwendet? Welche Art von eingekochtem Obst haben Sie verwendet? Haben Sie vielleicht auch schon einmal selbst Obst eingekocht?

Wussten Sie das?

- In unseren Breitengraden gehören die Kirsch- und die Zwetschgenbäume zu den ersten Bäumen, die ihre Blüten öffnen. Birnen- und Apfelbäume folgen kurz danach.
- Vögel wie Meisen, Baumläufer und Kleiber sind auf große Obstbäume angewiesen. Sie finden dort geeignete Nisthöhlen, die bei kleinen, pflegeleichten Obstbäumen nicht zu finden sind.
- Bei einem Obstbaum ist die Blüte die wichtigste Voraussetzung für die Vermehrung. Das ist wahrscheinlich der Grund dafür, dass die Blüten bei Obstbäumen noch vor den Blättern erscheinen.
- Kleine Blätter bringen die Obstblüten allerdings auch schon bei ihrem Erscheinen mit. Sie heißen Kelchblätter und befinden sich am Fuß der Blüte.
- In Mösbach, einem kleinen Dorf in Südbaden, findet an einem Sonntag im April der „Kirschblütenzauber" statt – ein großes Fest, bei dem man Tausende von blühenden Kirschbäumen bewundern kann. Neben geführten Wanderungen durch die blühende Landschaft gibt es auf dem Dorffest auch ein großes Angebot an Kulinarischem rund um die Kirsche zu entdecken.

Rätselideen

Sätze vollenden

Lesen Sie die folgenden Satzanfänge vor und lassen Sie die Teilnehmenden ganz nach Belieben ergänzen.

- Bei der Obstblüte finde ich am schönsten, …
- Obst esse ich am liebsten …
- Wenn ich einen Obstkuchen backe, denke ich an …

Silben zählen

Bitten Sie die Teilnehmenden, Obst-Wörter nachzusprechen und dabei die Silben zu zählen.

Wortbeispiele: Kirschblütenfest (4), Blütenstaub (3), Kirschstreusel-kuchen (5).

Das passt noch

Blütenzeit (1912)

von A. de Nora

Durch die Nacht, die monderglühte,
flog der Schelm, der Frühling, heut
Mit der großen Zuckertüte
Und nun ist mit weißer Blüte
Baum und Strauch und Flur bestreut.

Zucker! Zucker! Nichts als Zucker!
Alles Bittre süß gemacht!
Schnuppernd streich ich armer Schlucker,
Büchergucker, Versedrucker,
Durch die neue Blütenpracht.

Soll ich schönre Schenken suchen?
Lieblich duftet um die Nas
Mir der frische Frühlingskuchen –
Unter Linden, unter Buchen
Leg ich mich ins grüne Gras.

Und ich strample mit den Füßen
Und bis in des Magens Grund
Laß ich mir den goldnen süßen
Honigseim der Sonne fließen
Durch den offnen Schleckermund.

Regenbogen

Sonnenstrahlen und Regenwolken

„Was für ein Sauwetter“, dachte Helga, als sie aus dem Fenster schaute. Es regnete schon seit einer Stunde und das, obwohl Sonnenschein angesagt war. Sie hatte ein bisschen im Garten arbeiten wollen. Daraus würde wohl nichts werden. Stattdessen saß sie in ihrem Sessel und las. Zufrieden war sie damit nicht. Nach einiger Zeit merkte sie, dass es heller wurde. Sie blickte wieder aus dem Fenster. Wie durch ein Wunder zogen die Regenwolken ab. Die Sonne suchte sich ihren Weg durch die Wolken und ließ einen Lichtstrahl ins Zimmer fallen. Helga stand auf und schaute genau hin. Tatsächlich, da war ein Regenbogen am Himmel. Ein Zeichen der Hoffnung. Hoffnung für ihre Gartenarbeit. Sie lächelte.

Gesprächsimpulse

- Wann haben Sie das letzte Mal einen Regenbogen gesehen? Mögen Sie Regenbögen? Was für ein Gefühl löst das Betrachten eines Regenbogens in Ihnen aus?

- Erinnern Sie sich noch daran, wie es für Sie als Kind war, einen Regenbogen zu erblicken? Welche Gefühle haben Regenbögen damals in Ihnen ausgelöst?

- Auf Regen folgt Sonnenschein, das besiegelt der Regenbogen, deswegen ist er ein Symbol für die Hoffnung. Haben Sie in Ihrem Leben auch die Erfahrung gemacht, dass auf etwas Schlechtes häufig etwas Gutes folgt?

- Haben Sie schon mal einen Regenbogen fotografiert oder gemalt?

- Der Schatz am Ende des Regenbogens ist legendär. Stellen Sie sich vor, es gäbe diesen Schatz. Was würden Sie gerne am Ende des Regenbogens finden?

Wussten Sie das?

- Das Sonnenlicht setzt sich aus verschiedenen Farben zusammen. Es sind die Farben, die wir bei einem Regenbogen entdecken. Wassertropfen brechen das Sonnenlicht und erzeugen so den Bogen. Etwas Ähnliches lässt sich an Wasserfällen beobachten.

- Wenn der Himmel sehr hell ist, kann man über dem Regenbogen einen Nebenregenbogen entdecken. Er ist heller und die Farben sind umgekehrt angeordnet.

- In der Regel wird man im Sommer in der Mittagszeit keinen Regenbogen entdecken. Das liegt an der hohen Position der Sonne.

- Der Regenbogen ist in der griechischen Mythologie ein Verbindungsweg zwischen Himmel und Erde, der von der Göttin Iris genutzt wird.

- Sitzt man in einem Flugzeug und sieht einen Regenbogen, ist er kein Bogen, sondern ein Kreis. Tatsächlich ist eigentlich jeder Regenbogen kreisförmig, aber das können wir von der Erde aus nicht sehen.

Rätselideen

Wörter, die mit „Reg" beginnen

Finden Sie gemeinsam möglichst viele Wörter, die mit den Buchstaben „Reg" beginnen.
Beispiellösungen: Regen, Regenwurm, regen, Regent, Regie, Regiment, Register, Regung, Regal, Regel.

Zungenbrecher

Üben Sie gemeinsam den Zungenbrecher „Rasch rauschen die Regentropfen und rollen rasant über die rutschigen Regenbogenbahnen".

Im Mittelpunkt steht der gemeinsame Spaß und nicht die fehlerfreie Aussprache.

Das passt noch

Regen und Regenbogen (1813)

von Johann Wolfgang von Goethe

Auf schweres Gewitter und Regenguss
Blickt' ein Philister zum Beschluss
Ins weiterziehende Grause nach,
Und so zu seinesgleichen sprach:
Der Donner hat uns sehr erschreckt,
Der Blitz die Scheunen angesteckt,

Und das war unsrer Sünden Teil!
Dagegen hat, zu frischem Heil,
Der Regen fruchtbar uns erquickt
Und für den nächsten Herbst beglückt.
Was kommt nun aber der Regenbogen
An grauer Wand herangezogen?
Der mag wohl zu entbehren sein,
Der bunte Trug! Der leere Schein!

Frau Iris aber dagegen sprach:
Erkühnst du dich zu meiner Schmach?
Doch bin ich hier ins All gestellt
Als Zeugnis einer bessern Welt,
Für Augen, die vom Erdenlauf
Getrost sich wenden zum Himmel auf
Und in der Dünste trübem Netz
Erkennen Gott und sein Gesetz.
Drum wühle du, ein andres Schwein,
Nur immer den Rüssel in den Boden hinein
Und gönne dem verklärten Blick
An meiner Herrlichkeit sein Glück.

Salat

Laufenten

Frischer Salat aus dem eigenen Garten – das war Peters Traum. So viele Jahre hatte er gegen die Schnecken in seinem Garten gekämpft. Er hatte sie abgesammelt, Bierfallen aufgestellt und sie zu der nervigen Nachbarin in den Garten geworfen. Dieses Jahr hatte er sich etwas Neues einfallen lassen. Er hatte sich Laufenten gekauft, die durch seinen Garten watschelten und die Schnecken fraßen. Die Tiere waren ihm schnell ans Herz gewachsen, nicht nur, weil sie für ihn die Schnecken bekämpften, sondern weil er ihre Gesellschaft genoss. Dann war es Zeit für die Salaternte. Peter kam in den Garten und ... der Salat war abgefressen. Dieses Jahr hatten nicht die Schnecken den Salat gegessen, sondern die Laufenten.

Gesprächsimpulse

- Haben Sie schon einmal Salat angepflanzt? Welche Salatsorten haben Sie angepflanzt? Sind diese gut gewachsen? Worauf haben Sie geachtet?
- Haben Sie auch schon einmal gegen Schnecken oder andere Schädlinge im Garten oder auf dem Balkon gekämpft? Welche Methoden waren erfolgreich? Was hat nicht funktioniert?
- Welche Salatsorten kennen Sie? Essen Sie gerne Salat? Welches Dressing mögen Sie zu welchem Salat? Hat sich Ihr Geschmack in Bezug auf Salat im Laufe Ihres Lebens verändert?
- Gibt es ein Gemüse oder eine Obstsorte, die Sie gerne einmal angepflanzt und geerntet hätten, was aber nie funktioniert hat? Woran ist das Vorhaben gescheitert?
- Enten sind unübliche Haustiere. Kennen Sie Menschen, die Haustiere haben, die ungewöhnlich sind? Haben Sie schon mal Berichte über ungewöhnliche Haustiere in den Medien gesehen? Um welche Tierarten ging es dabei?

Wussten Sie das?

- Im alten Ägypten war Gartensalat ein Symbol der Fruchtbarkeit.
- Es heißt, dass Augustus Cäsar aus Dankbarkeit eine Statue für Gartensalat errichtet haben soll. Er behauptete, dass ihm Salat geholfen habe, eine schwere Krankheit zu bekämpfen.
- Salat wurde in Europa zuerst in Klostergärten gezüchtet. Das war im 8. Jahrhundert, ungefähr zur Zeit von Karl dem Großen.

- Mit einem Wassergehalt von etwa 95 Prozent beinhaltet Salat weniger Vitamine als viele andere Gemüsesorten.

- Hildegard von Bingen war keine Salatfreundin. In ihren Schriften ist zu lesen, dass unzubereiteter Salat schlecht für Magen, Darm und das Gehirn sei.

- Das Wort „Salat“ kommt von „salus“, dem lateinischen Wort für „gesalzen“.

- Einige Früchte, wie Äpfel und Bananen, produzieren Ethylen. Da dieses Gas die Reifung des Gartensalats fördern kann, sollte man Salat und Obst getrennt voneinander aufbewahren.

Rätselideen

Was ist eine bekannte Salatsorte?

- Waldsalat
- **Feldsalat (Lösung)**
- Hainsalat

Welche Zutaten gehören unbedingt in eine Vinaigrette?

- **Essig und Öl (Lösung)**
- Sahne und Joghurt
- Zwiebeln und Kondensmilch

Stimmt die Aussage?

Es gibt einen Fluss, der Salat heißt. Stimmt diese Aussage oder ist sie erfunden?

Lösung: Das stimmt. Salat heißt ein Fluss in Südfrankreich, ein Nebenfluss der Garonne.

Zusammengesetzte Wörter

Suchen Sie gemeinsam zusammengesetzte Wörter, die das Wort „Salat“ enthalten.

Beispiellösungen: Nudelsalat, Kartoffelsalat, Salatkopf, Kopfsalat, Salatbar, Salatsoße, Salatteller, Vorspeisensalat, Eisbergsalat, Feldsalat, Salatschüssel, Salatbesteck, Krautsalat, Obstsalat.

Das passt noch

Ohne Titel (18. Jahrhundert)

von Jean Anthelme Brillat-Savarin

Fünf Köpfe bringen einen guten Salat zustande:

Ein Geizhals, der den Essig träufelt,
ein Verschwender, der das Öl gibt,
ein Weiser, der die Kräuter sammelt,
ein Narr, der sie durcheinander rüttelt,
ein Künstler, der den Salat serviert.

Pastoralerfahrung (19. Jahrhundert)

von Eduard Mörike

Meine guten Bauern freuen mich sehr;
Eine „scharfe Predigt“ ist ihr Begehr.

Und wenn man mir es nicht verdenkt,
Sag ich, wie das zusammenhängt.

Sonnabend, wohl nach elfe spat,
Im Garten stehlen sie mir den Salat;

In der Morgenkirch mit guter Ruh
Erwarten sie den Essig dazu;

Der Predigt Schluss fein linde sei:
Sie wollen gern auch Öl dabei.

Schafe

Grasende Schafe

Die Sonne schien von einem wolkenlosen Frühlingshimmel, als Anna durch die saftig grünen Wiesen streifte. Die Sonne tat ihr gut. Die Luft um sie herum war frisch, aber angenehm. Sie fühlte sich völlig unbeschwert. Anna hatte ihren weichen Wollpullover übergezogen, der sie vor dem leichten Wind schützte. Sie näherte sich einer Wiese, auf der gerade eine Herde Schafe graste. Das Blöken wurde mit jedem ihrer Schritte ein wenig lauter. Anna lächelte und setzte sich auf eine Bank. Die Schafe schienen sie gar nicht zu bemerken und grasten in aller Ruhe weiter. Anna genoss den Anblick der wolligen Wesen und lehnte sich zurück. Für sie war es ein perfekter Frühlingstag.

Gesprächsimpulse

- Auf welche Weise sind Sie Schafen in Ihrem Leben begegnet? Haben Sie in der Nähe eines Bauernhofs oder einer Weide, auf der Schafe regelmäßig gegrast haben, gewohnt? Kennen Sie Schafe vom Deichbesuch an der See? Oder hatten Sie nur wenige Berührungspunkte?

- Mögen Sie Schafe? Haben Sie schon einmal ein Schaf gestreichelt und wissen, wie sich seine Wolle anfühlt? Haben Sie schon einmal zugeschaut, wie ein Schaf geschoren wurde? Durften Sie eventuell sogar dabei helfen? Essen Sie gerne Schafskäse? Welche Gerichte mit Schafskäse kennen und mögen Sie?

- Die Wolle von Schafen wird für viele verschiedene Wollprodukte genutzt. Mögen Sie Kleidung aus Wolle? Wie fühlt sich Wolle auf Ihrer Haut an? Decken Sie sich gerne mit einer Wolldecke zu?

- An was denken Sie, wenn Sie das Wort „unbeschwert" hören? An welche Augenblicke der Unbeschwertheit in Ihrem Leben erinnern Sie sich? In welchen Momenten Ihrer Kindheit waren Sie vollkommen unbeschwert? Wissen Sie noch, wie sich das angefühlt hat? Gab es im Erwachsenenalter Zeiten, in denen Sie unbeschwert leben konnten? Wie fühlten sich die Augenblicke der Leichtigkeit an?

- Wie sieht für Sie ein perfekter Frühlingstag aus? Wie sollte das Wetter an so einem Tag sein? Was würden Sie gerne unternehmen? Was würden Sie am liebsten essen? Mit wem möchten Sie Ihren perfekten Frühlingstag verbringen? In welcher Kleidung würden Sie sich wohlfühlen?

Wussten Sie das?

- Schafe haben Drüsen an ihren Hufen, mit denen sie Gerüche aufnehmen. Daher können sie riechen, was unter ihnen ist. Auch ihr Hörsinn ist besonders gut ausgebildet. Da ihre Augen sehr weit auseinanderstehen, können sie sehen, was neben und hinter ihnen geschieht, ohne ihren Kopf zu drehen.

- Schafe sind sehr umsorgende und liebevolle Mütter. Wenn sie unsicher sind, wo ihr Nachwuchs gerade ist, rufen sie nach ihm. Das Junge antwortet entsprechend. So wissen beide, dass sie sich in der Nähe des jeweils anderen befinden. Sind Mutter und Kind wieder beieinander, wird es ruhiger in der Herde.

- Schafe können sich Gesichter sehr gut einprägen und merken. Das gilt sowohl für Gesichter ihrer Artgenossen als auch für menschliche Gesichter. Auch Gesichter, die auf Fotos abgebildet sind, merken sich die Tiere.

- Schafe hegen Freundschaften. Sie sind sehr empfindsam und haben unterschiedliche Charaktereigenschaften. Manche sind abenteuerlustig, andere haben eher ein ruhiges Gemüt. Der eine Artgenosse streitet gerne, der andere ist harmoniebedürftig. Schafe empfinden Trauer, Angst und Freude. Sie spüren Schmerzen und vermissen einander, wenn sie getrennt werden.

- Die meiste Zeit verbringen Schafe mit Fressen, sie haben nur kurze Schlafphasen von jeweils einer halben Stunde. Außerdem sind Schafe wetterfühlig und werden nervös, wenn ein Gewitter im Anmarsch ist.

Rätselideen

Wörter, die mit „Scha" beginnen

Sammeln Sie gemeinsam Wörter, die wie Schaf mit den Buchstaben „Scha" beginnen.

Beispiellösungen: Schal, Schacht, schalten, scharren, Schalmei, Schauspieler, Schaum, Schatz, Schach, Schatten, Schall, Schale.

Dinge, die weiß sind

Schafe in Deutschland sind meist weiß. Sammeln Sie gemeinsam Dinge, die weiß sind oder weiß sein können.

Beispiellösungen: Schnee, Zitroneneis, Gänseblümchen, Margerite, Schneehase, Hermelin, Eierschale, Kleidung, Zähne, Wachs, Schimmel, Milch, Joghurt, Quark, Schafskäse, Mozzarella.

Das passt noch

Aus dem Zyklus „Chinesisch-deutsche Jahres- und Tageszeiten" (1827)

von Johann Wolfgang von Goethe

Ziehn die Schafe von der Wiese,
Liegt sie da, ein reines Grün,
Aber bald zum Paradiese
Wird sie bunt geblümt erblühn.

Hoffnung breitet lichte Schleier
Nebelhaft vor unsern Blick:
Wunscherfüllung, Sonnenfeier,
Wolkenteilung bring uns Glück.

Schmetterlinge

Das Pfauenauge

Gertruds Garten wimmelte nur so von lebenslustigen Schmetterlingen. Besonders der Flieder zog die zarten Geschöpfe an, und es war eine Freude, ihnen zuzusehen. Ein Pfauenauge zog Gertruds Blick besonders auf sich. Die rote Farbe ließ ihn unter den anderen Faltern hervorstechen. Die Muster auf seinen Flügeln sahen wirklich aus wie Augen. Der Schmetterling ließ sich auf einer Blüte nieder, hielt einen Moment inne und flog dann weiter. Gertrud folgte ihm mit ihrem Blick. Als hätte das Pfauenauge es gemerkt, kam der Schmetterling ihr für einen kurzen Moment nah, dann entfernte er sich wieder, stieg höher in die Luft und verschwand.

Gesprächsimpulse

- Mögen Sie Schmetterlinge? Welche Schmetterlingsarten kennen Sie? Gibt es Begegnungen mit Schmetterlingen, die Ihnen besonders im Gedächtnis geblieben sind?

- Hatten Sie Pflanzen in Ihrem Garten oder in Ihrer Nachbarschaft, um die besonders viele Schmetterlinge herumflogen? Welche Pflanzen waren das? War es Zufall, dass diese Pflanzen dort standen, oder haben Sie sie extra gepflanzt, um Schmetterlinge anzulocken?

- Schmetterlinge brauchen auch Pflanzen, die bei vielen Gärtnern nicht so gerne gesehen sind, wie zum Beispiel Brennnesseln. Haben Sie sogenanntes Unkraut wie Brennnesseln für Tiere stehen lassen oder haben diese Pflanzen für Sie nichts in einem Garten zu suchen?

- Schmetterlinge gehören zu den beliebteren Insekten. Dass sie gemocht werden, hängt mit ihrem hübschen Aussehen zusammen. Gibt es außer Schmetterlingen andere Insekten, die Sie mögen? Welche und warum?

Wussten Sie das?

- Schmetterlinge sind eine der größten Insektengruppen auf unserem Planeten. Es gibt ungefähr 170 000 bekannte Arten.

- Schmetterlinge gibt es in vielen verschiedenen Größen. Die kleinsten Schmetterlinge haben eine Flügelspannweite von 3 Millimetern. Die größten Schmetterlinge haben eine Flügelspannweite von 32 Zentimetern.

- Schmetterlinge sind sehr weit verbreitet. Es gibt sie in den unterschiedlichsten Klimazonen. Man findet sie überall dort, wo es Blühpflanzen gibt. Das bedeutet, sie leben nicht nur bei uns, sondern auch in der Tundra, in den Alpen und in den Regenwäldern.

- Es gibt Schmetterlinge, die im Winter in den sonnigen Süden ziehen, so wie wir es von Zugvögeln kennen. Der Zitronenfalter dagegen kann in Eis und Schnee überwintern und überlebt auch bei großer Kälte.

- Schmetterlinge sehen nicht gut. Sie sind kurzsichtig und können alles, was weiter weg ist als zehn bis zwölf Meter, nur verschwommen wahrnehmen.

Rätselideen

Assoziation

Schmetterlinge sind auffallend bunt gefärbt. Welche anderen Blumen, Pflanzen, Dinge und Tiere kennen Sie, die auffällig bunt sein können oder eine auffällige Farbe haben?
Beispiellösungen: Libelle, Chamäleon, Kanarienvogel, Blüten, Papagei, Regenbogen, Papageienfisch, Pfeilgiftfrosch, Gecko.

Namen ausdenken

Der Kohlweißling wird so genannt, weil er weiß wie Kohl ist. Welche bildlichen Namen könnte man dem Kohlweißling noch geben und warum? Bitten Sie die Teilnehmenden, ihrer Fantasie freien Lauf zu lassen.
Beispiellösungen: Schneeflockenfalter, weil er weiß wie Schnee ist; Kleeweißling, weil die weißen Blüten des Klees zart und weiß wie seine Flügel sind.

Das passt noch

Der Schmetterling (1876)

von August Corrodi

Warte, warte, kleines Ding,
Rief der Knab dem Schmetterling,
Sei nicht so schnell in deinem Flug,
Komm, ich habe dir Blumen genug,
Und ein niedliches kleines Haus,
Kannst bequem da sitzen zu deinem Schmaus!

Das ist's eben, was ich nicht will,
Sitz' nicht gerne nur immer still,
Fliege lieber durch heitere Lüfte,
Suche mir selber die Blumendüfte,
Rief der Schmetterling, bin gern frei!
Sage, ob nicht dein Vergnügen
Auch die liebe Freiheit sei?

Knabe glaubte, er habe ihn schon,
Aber das Tierchen flog auf und davon.

Schneeglöckchen

Zarte Blümchen

Julia genoss es, durch den langsam erwachenden Frühlingswald zu spazieren. Die zarten Sonnenstrahlen streichelten die Bäume und das Moos auf den Rinden. Unter einem Baum entdeckte sie die ersten Schneeglöckchen. Ihre weißen Köpfe reckten sich durch den wach werdenden Boden in die frühlingshafte Luft. Julia beugte sich hinunter und betrachtete die kleinen weißen Blüten mit einem Lächeln. Sie waren unscheinbar und doch so kraftvoll. Schon immer waren die Schneeglöckchen für sie ein Symbol für Neuanfang und Aufbruch gewesen. Mit aller Pracht kündigten sie für alle sichtbar den Frühling an.

Gesprächsimpulse

- Schneeglöckchen gehören zu den ersten Boten des Frühlings. Sie wecken die Hoffnung auf Sonne, Wärme und längere Tage mit mehr Licht. Welche Boten des Frühlings kennen Sie noch? Wann stellen sich bei Ihnen die ersten frühlingshaften Gefühle ein? Was weckt bei Ihnen die Vorfreude auf den Frühling?

- Erinnern Sie sich an Waldspaziergänge im Frühling? Was fühlen Sie bei diesen Erinnerungen? Wie hat es im Wald geduftet? Wie war die Luft dort? Wie war das Licht? Was gab es zu sehen und zu entdecken?

- Im Frühling erwacht die Natur. Neues Leben entsteht und auch die Lust am Leben und Erleben wird nach der langen Winterzeit mit den kurzen Tagen und dem ungemütlichen Wetter wieder neu beflügelt. Was haben Sie im Frühling gemacht? Womit haben Sie Ihre Zeit verbracht? Wie hat sich der Frühling in Ihrer Freizeitgestaltung bemerkbar gemacht? Was haben Sie im Frühling unternommen, was Sie in anderen Jahreszeiten nicht gemacht haben? Haben Sie bei sich Frühlingsgefühle oder den Drang nach Frühjahrsputz wahrgenommen?

- Ameisen, Bienen, Schmetterlinge und andere Insekten helfen den Schneeglöckchen, ihre Samen zu verbreiten. Wie haben Sie die Natur in Ihrer Kindheit um sich herum wahrgenommen? Welche Blumen waren in Ihrem Garten? Haben Sie kleine Tiere, wie beispielsweise Insekten, beobachtet? Haben Sie etwas mit Naturmaterialien gebaut? Gab es Erde und Sand, mit denen Sie etwas Fantasievolles anrühren konnten? Mit wem haben Sie draußen gespielt?

- Gibt es außer dem Erwachen der Natur andere Symbole für Neuanfang und Aufbruch für Sie? Welche sind das? Auf welche Momente im Jahr freuen Sie sich? Wann spüren Sie Zeiten der Veränderung im Jahreskreis? Tut diese Veränderung gut oder spüren Sie in diesen Augenblicken Wehmut, weil etwas Vertrautes vorübergeht? Ist es eventuell eine Mischung aus beidem?

Wussten Sie das?

- Der ursprüngliche Name des Schneeglöckchens kommt aus dem Griechischen und bedeutet so viel wie „Milch-Blüte" oder „aus dem Schnee kommende Milchblume".

- Schneeglöckchen mögen feuchte und schattige Standorte. Es gibt 20 Unterarten. Hier bei uns wächst nur das Echte Schneeglöckchen.

- Nicht nur Bienen, Schmetterlinge und andere Insekten sorgen für die Verbreitung des Schneeglöckchen-Samens. Auch Ameisen helfen fleißig mit. Sie tragen den Samen in ihren Bau, ernähren sich aber nur von einem Nährkörper, der daran angehängt ist. Dort, wo der Samen liegen bleibt, hat das Schneeglöckchen die Möglichkeit, zu wachsen. Manchmal verlieren die Ameisen ihn auch unterwegs.

- Schneeglöckchen stehen unter Naturschutz. Sie haben eine lange Blütezeit, die bis in den April hinein gehen kann. Die Zwiebel ist giftig.

- Frühblüher profitieren besonders von geeigneten Lichtverhältnissen und der ersten Wärme auf dem Erdboden. Diese Wachstumsbedingungen sind für Schneeglöckchen optimal.

Rätselideen

Welches Wort fehlt?

Lesen Sie den Satz vor und lassen Sie die Teilnehmenden erraten, welches Wort fehlt.

- Schneeglöckchen sind die ersten Vorboten des … ⇨ **Frühlings.**
- Die ersten Schneeglöckchen mit ihren weißen … entfachen bei vielen Menschen ein hoffnungsvolles Gefühl. ⇨ **Blüten**
- Schneeglöckchen wachsen aus einer … heraus, die in der Erde steckt. ⇨ **Zwiebel**

Passende Adjektive

Suchen Sie gemeinsam Adjektive, mit denen man Schneeglöckchen beschreiben kann. Berücksichtigen Sie dabei möglichst viele Wahrnehmungskanäle.

- Wie duften Schneeglöckchen?
- Wie sehen Schneeglöckchen aus?
- Wie fühlen sich Schneeglöckchen an?

Beispiellösungen: süßlich, lieblich, klein, weiß, grün, zart, zerbrechlich.

Das passt noch

Schneeglöckchen (19. Jahrhundert)
von Joseph von Eichendorff

's war doch wie ein leises Singen
In dem Garten heute Nacht,
Wie wenn laue Lüfte gingen:
„Süße Glöcklein, nun erwacht,
Denn die warme Zeit wir bringen,
Eh's noch jemand hat gedacht." –

's war kein Singen, 's war ein Küssen,
Rührt' die stillen Glöcklein sacht,
Dass sie alle tönen müssen
Von der künft'gen bunten Pracht.

Ach, sie konnten's nicht erwarten,
Aber weiß vom letzten Schnee
War noch immer Feld und Garten,
Und sie sanken um vor Weh.

So schon manche Dichter streckten
Sangesmüde sich hinab,
Und der Frühling, den sie weckten,
Rauschet über ihrem Grab.

Spargel

Der erste Spargel

Auf dem Markt hatte Thomas ihn sofort entdeckt: den dicken saftigen Spargel. Weiß und knackig lag er an vielen Marktständen und wartete darauf, gekauft zu werden. Thomas entschied sich für einen Stand, an dem der Spargel besonders frisch aussah. Eilig trug er ihn nach Hause. Schon der Gedanke an den Spargel ließ ihm das Wasser im Mund zusammenlaufen. Daheim angekommen, machte er sich direkt an die Arbeit. Die Schale und die Endstücke des Spargels legte er beiseite. Daraus würde er später eine cremige Spargelsuppe kochen. Die geschälten Stangen kochte er mit etwas Salz und Zucker und übergoss sie anschließend mit geschmolzener Butter. Zu dem Spargel servierte er ein paar Salzkartoffeln. Mehr brauchte er nicht, um zufrieden zu sein.

Gesprächsimpulse

- Essen Sie gerne Spargel? Wie mögen Sie Spargel am liebsten? Gibt es klassische Beilagen, die Sie zu Spargel bevorzugen? Haben Sie Spargel auch schon einmal in modernen Varianten probiert oder zubereitet?

- Die Spargelzeit ist recht kurz. Es gibt wenig andere Gemüse, die heutzutage noch so sehr an eine Saison geknüpft sind. Freuen Sie sich auf die jährliche Spargelsaison? Gibt es andere Obst- oder Gemüsesorten, bei denen Sie sich auf die Saison freuen?

- Spargel zu schälen, kann eine anstrengende Angelegenheit sein. Auf dem Markt findet man mittlerweile häufig Stände, die den Spargel schon geschält anbieten. Haben Sie den Spargel manchmal geschält gekauft? Wenn nein, haben Sie den Spargel selbst geschält oder war jemand anderes dafür zuständig, den Spargel zu schälen?

- Aus der Schale und den Enden von Spargel Suppe zu kochen, ist weit verbreitet. Haben Sie das auch gemacht oder kennen Sie jemanden, der die Spargelüberbleibsel so verarbeitet? Kennen Sie andere Lebensmittel, bei denen alles verwertet und kaum etwas weggeschmissen wird?

- Spargel gilt als Königin der Gemüse und wird manchmal auch als weißes Gold bezeichnet. Finden Sie, dass Spargel diese Bezeichnungen verdient hat? Gibt es andere Obst- oder Gemüsesorten, die Ihrer Meinung nach ähnliche Titel verdient hätten?

Wussten Sie das?

- Bei den alten Griechen trockneten Ärzte die Spargelwurzeln. Sie stellten daraus eine Medizin her, die harntreibend wirkte.
- Der Spargel gelangte wahrscheinlich durch die Römer nach Europa. Schon Kaiser Augustus soll Spargel zu seinem Lieblingsgemüse erklärt haben.
- Spargel wurde bis zum 19. Jahrhundert ausschließlich als Grünspargel genossen. In Deutschland wird er seitdem vor allem in seiner weißen Form unter Erdhügeln kultiviert.
- Spargel ist unter der Erde weiß und verfärbt sich im Sonnenlicht erst violett und dann grün. Die Pflanzenart ist die gleiche, die Farbe hängt von der Anbauart und der Erntemethode ab.
- Spargel muss nicht jedes Jahr neu gepflanzt werden. Im besten Fall trägt er mehrere Jahre lang Früchte.

Rätselideen

Gemeinsamkeiten finden

Finden Sie Dinge, die etwas mit Spargel gemeinsam haben.
Spargel ist weiß oder grün. Was ist noch weiß und/oder grün?
Beispiellösungen: Blatt, Salat, Bohne, Erbse, Wolke, Schnee, Weißkohl, Maiglöckchen.

- Spargel ist länglich. Was ist noch länglich?
  Beispiellösungen: Brechbohne, Stift, Gurke, Möhre, Spaghetti, Schnürsenkel.
- Spargel ist wässrig. Was ist noch wässrig?
  Beispiellösungen: Melone, Tomate, Gurke, Suppe.

Silben zählen

Bitten Sie die Teilnehmenden, Spargel-Wörter nachzusprechen und dabei die Silben zu zählen.

Wortbeispiele: Spargelsalat (4), Spargeltopf (3), Spargelschälmesser (5).

Das passt noch

Singen Sie den folgenden Schlager mit den Teilnehmenden oder hören Sie ihn gemeinsam an (zum Beispiel in der Version der Comedian Harmonists).

Veronika, der Lenz ist da (1920er Jahre)

von Walter Jurmann und Fritz Rotter

Störche

Der erste Flug

Florian beobachtete schon seit Tagen das Treiben auf dem Horst der Störche auf dem Dach. Bald würden die Jungstörche ihren ersten selbstständigen Flug antreten. Die Altstörche ließen sich schon seit ein paar Tagen immer wieder auf den Nachbargebäuden nieder und klapperten, um den Nachwuchs zu locken. Die ersten zarten Versuche wagte dieser auch schon. Doch es sah eher aus wie ein Hochhüpfen, auch wenn die Storchenkinder sich schon einige Zeit in der Luft halten konnten. Das Verlassen des Nestes schien die Jungstörche große Überwindung zu kosten. Doch dann war es so weit. Das erste Storchenkind hob ab, blieb in der Luft, flog drei Runden um das Dach herum und landete wieder sicher im Nest. Florian freute sich. Wie schön, dass er das miterleben durfte!

Gesprächsimpulse

- Haben Sie schon einmal einen Storch gesehen? Wie war die Begegnung? Haben Sie auch den Horst eines Storches gesehen? Wie sah er aus? Was ist Ihnen in Erinnerung geblieben?
- Wurde Ihnen als Kind erzählt, dass der Klapperstorch die Kinder bringt? Haben Sie das geglaubt? Was waren Ihre Fantasien dazu? Haben Sie einem Kind schon einmal die Geschichte vom Klapperstorch erzählt?
- Das Nest zu verlassen, ist nicht nur für Störche ein großer Schritt. Erinnern Sie sich noch daran, wie Sie Ihr Elternhaus verlassen haben? Was haben Sie damals empfunden? Wie sah Ihre erste eigene Wohnung aus?
- Haben Sie Kinder, die irgendwann ausgezogen sind? Wie war es für Sie als Elternteil, als das Kind oder die Kinder das Elternhaus verlassen haben? Welche Vorteile gab es? Was war traurig?

Wussten Sie das?

- Störche gibt es auf fast allen Erdteilen, insgesamt gibt es 19 Storcharten. Ursprünglich stammen Störche aus den Tropen und Subtropen.
- In Europa gibt es alte Geschichten, nach denen ein Storch die Babys überbringt. Er trägt sie dabei in einem Tuch in seinem Schnabel.
- Storchenjungen brauchen an einem Tag mehr als ein Kilogramm Futter. Die Eltern sammeln dafür Fische, Mäuse, Frösche, Eidechsen und Insekten.
- Störche, vor allem der Weißstorch, sind stimmlos. Er kann zwar etwas krächzen oder quieken, doch viel besser ist er im Schnabelklappern. Daher auch sein Spitzname „Klapperstorch“.

Rätselideen

Satz mit Wörtern bilden

Bitten Sie die Teilnehmenden, einen Satz zu bilden, der die folgenden drei Wörter beinhaltet.

Storch – Liebe – Nachwuchs

Dinge, die rötlich sind

Storchenschnäbel sind rötlich. Finden Sie Dinge, die genauso rötlich sind.

Beispiellösungen: Marienkäfer, Tomaten, Kirschen, Erdbeeren.

Das passt noch

Die kleine Tauschlustige (um 1900)

von Alwin Römer

Elly zupft Mama am Kleide:
Ob der Storch auch Puppen bringt?
Und die Mutter lächelt leise,
Eh ihrs von den Lippen klingt:

„Freilich, Mäuschen, wenn das Fest kommt,
Reist er hin zur Puppenfee,
Und im Wald dann fischen beide
Nichts als Puppen aus dem See!"
„Ach Mama", sagt drauf die Kleine
Mit versonnenem Gesicht,
Unser neues Baby schreit so
Und auch sauber ist es nicht!

Siehst den Adebar du wieder
Fliegen über unser Haus,
Ruf ihn an und tausch den Schreihals,
Bitte, für ein Püppchen aus!"

Tulpen

Der Tulpenstrauß

„Narcissus und die Tulipan, die ziehen sich viel schöner an …“, sang Hubert leise vor sich hin, während er eine Gartenschere aus dem Schuppen holte. Endlich war es so weit: Die Tulpen in seinem Garten blühten und brachten das Blumenbeet zum Leuchten. Es waren so viele, dass er ein paar abschneiden wollte, um sie seiner Frau auf den Tisch zu stellen. Sie liebte es, wenn der Frühling auch im Haus Einzug hielt. Es wurde ein prächtiger Strauß. Hubert beeilte sich, die Tulpen in eine Vase zu stellen. „Oh, wie wundervoll“, sagte seine Frau, als sie nach Hause kam. Sie umarmte ihn und gab ihm einen Kuss. Nach 27 Ehejahren wusste er genau, wie er ihr eine Freude machen konnte.

Gesprächsimpulse

- Mögen Sie Tulpen? Welche Art von Tulpen mögen Sie am liebsten? Welche Tulpenfarben und Tulpenformen kennen Sie?
- Haben Sie oder hatten Sie früher selbst Tulpen im Garten, auf dem Balkon oder im Blumentopf? Wie sahen die Tulpen aus? Waren Sie Ihnen wichtig? Haben Sie Tulpen auch in Vasen gestellt?
- Bekommen Sie gerne Blumen geschenkt? Welche Art von Blumen bekommen Sie gerne geschenkt? Wenn Sie Blumengeschenke nicht mögen, womit könnte man Ihnen eine Freude machen?
- Haben Sie auch die Erfahrung gemacht, dass ein Ehepartner genau weiß, worüber der andere sich freut? Oder kennen Sie es auch, dass Sie ein Geschenk bekommen, das Sie nicht mögen? Wie verhalten Sie sich in diesem Fall? Sagen Sie die Wahrheit oder tun Sie so, als ob Sie sich freuen?

Wussten Sie das?

- Die Niederländer sind für ihre Tulpen bekannt. Mehr als 80 Prozent der weltweit verkauften Tulpen werden in den Niederlanden gezüchtet.
- Im 17. Jahrhundert wurden Tulpenzwiebeln teilweise zum Spekulationsobjekt und für viel Geld versteigert.
- Tulpen stammen ursprünglich aus Mittel- und Zentralasien. In Persien waren wilde Tulpen verbreitet und es galt als Liebeserklärung, wenn man sie verschenkte.
- Manche Tulpenblüten kann man essen. Sie schmecken ein bisschen nach Salat mit einer Pfeffernote.

Rätselideen

Zwillingswörter

Lesen Sie die folgenden Sätze vor und lassen Sie die Teilnehmenden das fehlende „Zwillingswort" ergänzen.

- Es ist ein wunderschöner Frühling. Die Tulpen blühen in Hülle und … ⇨ **Fülle.**
- Diese Tulpen sind aber auch eine Freude für Alt und … ⇨ **Jung.**
- Ich schneide ein paar Tulpen ab und binde dir frisch und … einen Strauß. ⇨ **fröhlich**

Vermischt

Hier wurden zwei bekannte Liedtitel miteinander vermischt. Lesen Sie den neu entstandenen Titel vor und bitten Sie die Teilnehmenden, herauszufinden, welche beiden Liedtitel gesucht werden.

Tulpen aus Athen
Lösung: „Tulpen aus Amsterdam" / „Weiße Rosen aus Athen".

Das passt noch

Singen Sie den folgenden Schlager mit den Teilnehmenden oder hören Sie ihn gemeinsam an.

Tulpen aus Amsterdam (1956)

von Ralf Arnie

Vogelnest

Nestbau

Schon seit einiger Zeit beobachtete Christian ein Vogelpaar, das immer wieder in die Baumkrone des alten Apfelbaums flog, der vor seinem Fenster stand. Die grüne Baumkrone verhinderte, dass er erkennen konnte, was die beiden machten. Eine Vermutung hatte er jedoch, denn die Zweige und Halme, die die beiden in ihren Schnäbeln trugen, waren ein ziemlich deutlicher Hinweis. Bei seinem nächsten Spaziergang wollte Christian es genauer wissen. Er stellte sich eine Weile unter den alten Apfelbaum und wartete. Es dauerte nicht lange, bis einer der beiden Vögel angeflogen kam. Christian beobachtete genau, wo er sich niederließ. Aus diesem Blickwinkel konnte er es schließlich erkennen: Die beiden hatten ein Nest gebaut. Ob dort wohl schon Eier lagen? Das konnte er leider nicht sehen.

Gesprächsimpulse

- Haben Sie schon mal ein Vogelnest in der freien Natur entdeckt? Erinnern Sie sich noch daran, wie das Vogelnest aussah? Haben Sie vielleicht schon mal erlebt, dass ein Vogelnest mit ungewöhnlichem Material gebaut wurde?
- Vögel achten darauf, dass ihre Nester gut geschützt liegen. Auch uns Menschen bietet unser Zuhause Schutz. An welchen Orten haben Sie sich in Ihrem Leben schon zu Hause gefühlt? Welche Orte schenken Ihnen heute Geborgenheit?
- Ein Nest ist ein Ort, an dem Vögel ihre Kinder bekommen und pflegen, bis sie flügge werden. Erinnern Sie sich noch daran, wie Sie selbst ein Nest, ein Zuhause, für Ihre Kinder aufgebaut haben? Was war Ihnen dabei wichtig?
- „Alle Vögel sind schon da“ ist ein bekanntes Frühlingslied. Welche Vogellieder kennen Sie noch? Welche Lieder mit Vögeln mögen Sie?

Wussten Sie das?

- Man findet Vogelnester auf allen Kontinenten dieser Welt, sogar in der Arktis. Die Vogelnester sind dabei sehr unterschiedlich gebaut und können aufgrund ihrer Bauweise der Vogelart zugeordnet werden.
- Die größten Vogelnester der Welt werden von Adlern gebaut. Kolibris bauen Nester, die so klein sind wie eine Walnussschale.
- Das Bauen des Nestes ist nicht ausschließlich eine angeborene Fähigkeit, Vögel lernen auch von anderen Vögeln und aus eigenen Erfahrungen.
- Webervögel brüten in Kolonien. Ihr Gemeinschaftsnest enthält bis zu 100 Brutkammern.

- Blaumeisen „desinfizieren“ ihre Nester. Sie sammeln dazu Pflanzen wie Minze und Lavendel, um ihr Nest frei von Bakterien zu halten.

Rätselideen

Gegenteile finden

Ein Nest kann viele Eigenschaften haben, finden Sie Gegenteile zu den folgenden Eigenschaften eines Vogelnests.

- klein, gemütlich, versteckt, rund, einzigartig, ungleichmäßig
  Beispiellösungen: klein – groß, gemütlich – ungemütlich, versteckt – auffallend, rund – eckig, einzigartig – gewöhnlich, ungleichmäßig – gleichmäßig.

Was passiert als Nächstes?

Beschreiben Sie folgende kleine Szene und bitten Sie die Teilnehmenden anschließend, ihre Fantasie spielen zu lassen. Was könnte als Nächstes passieren?

Eine junge Frau beobachtet ein Vogelnest. Ein Amselweibchen sitzt schon längere Zeit darin und scheint ihre Eier auszubrüten. Das Männchen kommt vorbei, um ihr einen Regenwurm zu bringen. Es setzt sich auf den Rand des Nests. Dann …

Das passt noch

Das heimatliche Nest (Ende 19./Anfang 20. Jahrhundert)

von Ferdinande von Brackel

Wohl hat das Vöglein seinen Bau
Gar warm und treu gehegt,
Wohl hat es seine Jungen dort
Mit treuer Sorg' gepflegt:

Doch wenn die Kleinen flügge sind,
Dann hält sie nichts dort fest,
Und öde und vergessen bleibt
Das heimatliche Nest.

Doch wo des Menschen Wiege stand:
Die Heimat traut und süß –
Sie bleibt ihm ewig, ewig lieb,
Wie lange er sie ließ.
Wie weit die Ferne ihn gelockt
Hinaus nach Ost und West:
Stets unvergesslich wird ihm sein
Das heimatliche Nest.

Ob es am allerersten Strand,
Ob dürftig oder reich,
Ob hoch und stolz, ob unbekannt:
Dem Herzen gilt es gleich.
Wie uns das Glück auch freundlich lacht,
Ob's feindlich uns verlässt:
Die beste Zuflucht bietet stets
Das heimatliche Nest.

Ein jeder sonn'ge Freudenstrahl
Am wärmsten dort uns scheint;
Am lösendsten wird jeder Schmerz
Dort von uns ausgeweint.
Und bitter bleibt das Abschiedsweh,
Das Wiedersehn ein Fest –
Was fesselt das Herz nur so
Ans heimatliche Nest?

Der Bau ist's nicht; den hat ja auch
Das Vöglein treu gehegt!
Der Ort ist's nicht, wenn er uns auch
Manch lieb Erinnern trägt:
Es ist der Elternliebe Band!
Das kettet dort so fest,
Das zieht von Neuem stets zurück
Zum heimatlichen Nest.

Der Mutter Lieb, des Vaters Aug,
Sie haben es verklärt;
Der treusten Liebe heil'ge Glut
Hat dort ja ihren Herd.
Und tiefer fühlt sich dieses Glück
Als es sich sagen lässt:
Dass Gottes bester Segen ruht
Im heimatlichen Nest.

Waldmeister

Waldmeistersirup

Am Vortag hatte Richard den Waldmeister auf einem Spaziergang entdeckt. Jedes Jahr freute er sich, wenn es so weit war. Natürlich hatte er sofort etwas von dem Kraut gepflückt und nach seinem Spaziergang auf ein Stück Küchenkrepp gelegt. Um seinen Geschmack zu erhalten, musste der Waldmeister ein bisschen welken. Das hatte Richard von seiner Großmutter gelernt. Von ihr stammte auch das Rezept für den Waldmeistersirup, den er heute kochte. Viel Zucker, ein bisschen Zitrone, der Waldmeister, Wasser und natürlich Liebe – mehr brauchte man nicht für den leckersten Waldmeistersirup der Welt. Als Richard fertig war, füllte er das meiste in Flaschen, die er gut verschloss. Ein bisschen goss er aber direkt in ein Glas. Er verdünnte den Sirup mit Sprudelwasser und nahm den ersten Schluck. Genau richtig!

Gesprächsimpulse

- Erinnern Sie sich an Produkte mit Waldmeistergeschmack aus Ihrer Kindheit und Jugend? Was gab es für Produkte mit Waldmeistergeschmack? Sirup, Bonbons, Lutscher, Brause oder andere Dinge?

- Erkennen Sie Waldmeister, wenn Sie ihn sehen? Haben Sie schon mal selbst Waldmeister geerntet? Wo haben Sie den Waldmeister geerntet? Haben Sie die Stelle, an der er wuchs, selbst entdeckt oder hatten Sie dabei Hilfe?

- Haben Sie Waldmeister schon mal selbst verarbeitet? Was haben Sie daraus hergestellt? Waren Sie mit dem Geschmack zufrieden? Oder haben Sie eher etwas gegessen oder getrunken, das jemand anderes mit Waldmeister hergestellt hatte?

- Sirup wurde vor allem früher sehr gerne genommen, um erfrischende Getränke herzustellen. Haben Sie gerne Getränke genossen, die mit Sirup hergestellt wurden? Haben Sie schon einmal selbst Sirup hergestellt? Wurde in Ihrer Familie Sirup selbst gemacht oder gekauft?

- Gibt es in Ihrer Familie Rezepte, die weitergegeben werden? Welche Rezepte sind das? Was für Erinnerungen verbinden Sie mit diesen Rezepten?

Wussten Sie das?

- Waldmeister ist auch unter den Namen „wohlriechendes Labkraut" und „Vanille des Waldes" bekannt, denn er hat einen aromatischen Duft, der beim Welken der Blätter noch stärker wird.

- In Getränken mit Waldmeistergeschmack aus dem Supermarkt findet man in der Regel keinen echten Waldmeister.

- Der typische Geschmack und Geruch von Waldmeister entwickelt sich erst, wenn die Pflanze getrocknet wird. Dann schmeckt Waldmeister leicht bitter und würzig.
- Waldmeister wird als Mittel zur Bekämpfung von Motten genutzt.
- Es heißt, dass Waldmeister im Mittelalter auch zur Vertreibung von Hexen genutzt wurde. Dafür wurde er mit Johanniskraut gemischt.

Rätselideen

Anagramm

Bilden Sie gemeinsam aus den Buchstaben des Wortes „Waldmeister“ so viele neue Wörter wie möglich.
Beispiellösungen: Eis, Meister, Wald, reite, Seite, Alm, Elster, Alster, Leiste, drei, weise, Leiter, Welt.

Alphabetische Reihenfolge

Bringen Sie die folgenden drei Spezialitäten mit Waldmeister in die richtige alphabetische Reihenfolge:

- Sirup
- Maibowle
- Wackelpudding

Lösung: Maibowle, Sirup, Wackelpudding.

Das passt noch

Waldmeister (Anfang 20. Jahrhundert)
von Fridolin Hofer

Waldmeisterlein, Waldmeister,
in grünen Schleiern feierlich
umschweben und umweben dich
des Waldes gute Geister.

Liebmütterlich geborgen,
trägst du dein Silberkrönlein klar
wie eine Braut im seidnen Haar
den Kranz am Hochzeitmorgen.

Sieh, aller Würzen Frische
sogst du in dich aus dunklem Grund,
und selig haucht dein Blütenmund
in jede Rankennische.

Waldmeisterlein, Waldmeister,
in grünen Schleiern feierlich
umschweben und umweben dich
des Waldes gute Geister.

Wiesen

Frühlingswiese

Martin spürte den weichen Untergrund unter seinem Rücken. Es fühlte sich gut an. Seine Hände streichelten über die Spitzen der Grashalme. Er lag auf einer Wiese und schaute in den blauen Frühlingshimmel. Ein paar leichte Wolken zogen langsam über ihn hinweg. Die Sonne wärmte seine Haut. Es war ein schönes Gefühl. Als Kind hatte er oft hier gelegen. Martin erinnerte sich an viele schöne Augenblicke, nicht nur bei gutem Wetter. Mit der passenden Kleidung war die Wiese bei jedem Wetter schön. An diesem Ort fühlte er sich wohl. Es duftete nach frischem Gras und die Vögel zwitscherten. Auf der Wiese fühlte er sich sicher. Hier herrschte ein tiefer Friede.

Gesprächsimpulse

- Was stellen Sie sich vor, wenn Sie an eine Wiese denken? Woran erinnern Sie sich? An welche Orte auf Ihrem Lebensweg fühlen Sie sich zurückversetzt?

- Haben Sie als Kind im Frühling auf einer Wiese gelegen? Wissen Sie noch, wie sich das angefühlt hat? An was haben Sie gedacht? Erinnern Sie sich an den Duft von frisch gemähtem Gras? An den Duft einer Wiese im Frühling? Wie fühlten sich die Spitzen der Grashalme unter Ihren Handflächen an? Welche Blumen haben Sie zwischen den Grashalmen entdeckt und eventuell gepflückt?

- Durften Sie als Kind Ihren Eltern bzw. Großeltern beim Rasenmähen helfen? Hatten Sie einen Garten, wo das Gras regelmäßig gemäht werden musste? Mit welchem Hilfsmittel haben Sie den Rasen geschnitten? Was wurde mit dem abgeschnittenen Gras gemacht? Wurde es auf dem Kompost entsorgt oder evtl. als Tierfutter getrocknet? Haben Sie das Rasenmähen gerne erledigt oder war es lediglich eine Aufgabe, die regelmäßig getan werden musste?

- An welche Augenblicke im Frühling erinnern Sie sich, die schön waren, obwohl kein gutes Wetter war? Haben Sie gute Erinnerungen an nasse Tage? Welche verregneten oder kalten Tage sind Ihnen in keiner guten Erinnerung geblieben? Gab es Frühlingstage, an denen es vielleicht sogar geschneit hat und die deswegen etwas Besonderes waren?

- Der Mann in der Geschichte fühlt sich auf der Wiese gut aufgehoben und sicher. Bei welchen Menschen haben Sie auf Ihrem Lebensweg das Gleiche gespürt? Wem haben Sie bedingungslos vertraut? Bei wem haben Sie sich sicher gefühlt? Wo durften Sie so sein, wie Sie waren?

Wussten Sie das?

- Wiesen bieten Lebensräume für zahlreiche Tiere und Pflanzen. Sie sind Heimat für Mäuse, Insekten, Würmer und Maulwürfe, geben Raum zum Brüten für kleine Vögel und halten ein üppiges Buffet für Störche, Reiher, Schafe, Kühe und Ziegen bereit.

- Es gibt verschiedene Arten von Wiesen: Streuobstwiesen, Feuchtwiesen und Magerwiesen. Auf Streuobstwiesen stehen verstreut Obstbäume. Diese bieten Unterschlupf für Insekten, Raum zum Brüten für Vögel und eine Heimat für Fledermäuse, Siebenschläfer und Spechte. In den Feuchtwiesen, die aufgrund ihrer Lage häufig überschwemmt werden, leben Ringelnattern, Frösche, Lurche und Unken. Brachvögel, Störche und Wasservögel finden dort Nahrung. Die Magerwiesen sind Lebensräume mit nur wenigen Nährstoffen. Dort wachsen dementsprechend Pflanzen, die auf besondere Nährstoffe und große Mengen Wasser verzichten können, dafür aber auch seltene Pflanzen, wie einige Orchideenarten. Die Magerwiesen sind Lebensraum für Eidechsen, Kreuzottern und seltene Wildbienen- und Schmetterlingsarten.

- Im Lebensraum Wiese gibt es viel mehr verschiedene Tier- und Pflanzenarten als im Wald.

- Gedüngte Wiesen wachsen zwar schnell, weisen aber nur noch eine geringe Artenvielfalt auf. Viel und schnell wachsendes Gras ist für die Landwirtschaft gut, sorgt aber leider auch für Artensterben bei Pflanzen und Tieren.

Rätselideen

Gegenteile finden

Eine Wiese kann viele Eigenschaften haben. Finden Sie Gegenteile zu den folgenden Eigenschaften einer Wiese.

- belebt, bunt, nahrhaft, weich, gemütlich, bewohnt, hügelig, nass
  Beispiellösungen: belebt – einsam, bunt – einfarbig, nahrhaft – nährstoffarm, weich – hart, gemütlich – ungemütlich, bewohnt – unbewohnt/leer, hügelig – flach, nass – trocken.

Buchstabieren

Lassen Sie die Teilnehmenden verschiedene Pflanzen und Tiere buchstabieren, die man auf einer Wiese beobachten kann. Kürzere Wörter sind einfacher zu buchstabieren. Wer besonders fit ist, kann die Wörter auch rückwärts buchstabieren.
Geeignete Beispielwörter: Löwenzahn, Schmetterling, Marienkäfer, Gänseblümchen, Klee, Regenwurm, Mücke, Pusteblume, Hummel, Biene.

Das passt noch

Auf der Wiese tanzen wir (19. Jahrhundert)

von Hoffmann von Fallersleben

Auf der Wiese tanzen wir
Hinauf, herunter.
Sonne kommt und sieht uns an,
Freut sich sehr und fragt uns dann:
Seid ihr alle munter?

Freilich sind wir alle jetzt
Recht froh und munter!
Eben darum tanzen wir

Auf der grünen Wiese hier
Frisch herauf, hinunter!

Und wir haben kaum die Zeit
Uns umzublicken,
Blümlein aber schau'n umher,
Sind betrübt und klagen sehr;
Müsst' uns nicht zerknicken!

Nein, das wollen wir nicht tun
Bei unserm Tanze!
Eben darum pflücken wir
Auf der grünen Wiese hier
Euch zum bunten Kranze.

Und die liebe Sonne sinkt
Im Westen nieder.
Geht, so spricht sie, jetzt nach Haus,
Lieben Kindlein, schlafet aus!
Morgen komm' ich wieder!

Gut, auch wir sind wieder da!
Sind froh und munter!
Morgen, morgen tanzen wir
Auf der grünen Wiese hier
Frisch hinauf, herunter!

Wolken

Wolkentiere

Sandra ging eigentlich jeden Morgen mit ihrem Hund durch den nahe gelegenen Wald. Aber heute hatte sie sich für eine andere Runde entschieden. Es zog sie zu den Feldern und dem Pfad, der sie umgab. Auf diesem Weg versperrte nichts den Blick nach oben. Der Himmel war in ein zartes Blau getaucht, ab und an war eine kleine Wolke zu sehen. Sandra erinnerte sich daran, dass sie als Kind häufig in den Himmel geschaut hatte, um die Wolken zu beobachten. Damals hatte sie Schafe, Hunde, Blumen und Schiffe in den Formen der Wolken erkannt. Sandra blieb einen Moment stehen, während ihr Hund am Wegesrand schnüffelte. Die Wolke da drüben sah ein bisschen aus wie ein Krokodil. Sie schmunzelte. Ihre Fantasie funktionierte auch heute noch.

Gesprächsimpulse

- Haben Sie auch schon mal in den Himmel geschaut und Dinge oder Tiere in den Formen der Wolken erkannt? Wissen Sie noch, wann das war? Wo haben Sie in den Himmel geschaut? Waren Sie dabei allein oder hatten Sie Gesellschaft?

- Um in den Formen der Wolken Dinge und Tiere zu entdecken, braucht man Zeit und Ruhe. In den Himmel zu blicken, kann eine Möglichkeit sein, Ruhe zu finden. Welche Möglichkeiten, Ruhe zu finden, nutzen Sie? Kennen Sie Tätigkeiten, bei denen es Ihnen möglich ist, Muße zu finden?

- Viele Menschen, die einen Hund haben, sind froh, dass sie mit ihm Zeit in der Natur verbringen können. Haben oder hatten Sie auch ein Tier oder Tiere, mit denen Sie Zeit in der Natur verbracht haben? Wenn ja, welches? Was haben Sie in dieser Zeit gemacht? Wenn Sie keine haben oder hatten, hätten Sie sich ein Tier oder Tiere gewünscht oder wäre das nichts für Sie?

- Die Frau in der Geschichte geht an dem Morgen, an dem sie den Himmel betrachtet, einen anderen Weg als den gewohnten. Gibt es Alltagsroutinen, die Sie manchmal bewusst geändert haben? Zum Beispiel beim Frühstück auf einem anderen Platz als auf dem gewohnten sitzen? Wenn nicht, könnten Sie sich vorstellen, das zu machen?

- Der Himmel und die Wolken regen die Fantasie des Menschen schon seit langer Zeit an. Gibt es andere Dinge, die Ihre Fantasie anregen? Sind Sie ein kreativer Mensch? Basteln oder werken Sie gerne oder machen sie gerne Handarbeiten?

Wussten Sie das?

- Wolken wurden im 19. Jahrhundert erstmals von Luke Howard wissenschaftlich klassifiziert. Er war nicht nur Meteorologe, sondern auch Apotheker.
- Die Oberfläche der Erde ist ständig mehr als zur Hälfte von Wolken bedeckt. Laut Schätzungen ziehen ungefähr 15 Billionen Liter Wasser als Wolken über die Erde.
- Die meisten von uns haben in der Schule einige lateinische Namen für Wolkenarten gelernt. Cirrus = haufenartig-klumpig, Cumulus = schichtartig, Stratus = tiefhängend.
- Es regnet an Wochenenden nicht nur gefühlt, sondern auch tatsächlich häufiger als unter der Woche. Das liegt an Aerosolen, die durch den Berufsverkehr und durch Industrieanlagen unter der Woche verstärkt in die Luft gelangen.
- Der größte Wolkensimulator der Welt befindet sich in Leipzig. Wissenschaftler erzeugen in einem 16 Meter hohen Turm künstliche Wolken, die allerdings sehr klein sind: Sie entstehen in einem acht Meter langen, aber nur wenige Millimeter dicken Rohr.

Rätselideen

Alphabetische Reihenfolge

Bringen Sie die folgenden drei Phänomene aus der Wettervorhersage in die richtige alphabetische Reihenfolge:

- Niederschlag
- Hochdruckgebiet
- Temperaturen

Lösung: Hochdruckgebiet, Niederschlag, Temperaturen.

Zwillingswörter

Lesen Sie die folgenden Sätze vor und lassen Sie die Teilnehmenden das fehlende „Zwillingswort" ergänzen.

- Mit dem Wetter ist es in den letzten Tagen aber auch wieder ein stetes Auf und … ⇨ **Ab.**
- Ich bin hin und … , ich habe gerade zwischen den Wolken einen wunderschönen Regenbogen gesehen. ⇨ **weg**
- Wenn man in einem Flugzeug über den Wolken schwebt, ist es immer wieder ein Erlebnis für Groß und … ⇨ **Klein.**

Das passt noch

An die Wolken (um 1900)

von Christian Morgenstern

Und immer wieder,
wenn ich mich müde gesehen
an der Menschen Gesichtern,
so vielen Spiegeln
unendlicher Torheit,
hob ich das Aug
über die Häuser und Bäume
empor zu euch,
ihr ewigen Gedanken des Himmels.

Und eure Größe und Freiheit
erlöste mich immer wieder,
und ich dachte mit euch
über Länder und Meere hinweg
und hing mit euch
überm Abgrund der Unendlichkeit
und zerging zuletzt
wie Dunst,
wenn ich ohn Maßen
den Samen der Sterne
fliegen sah
über die Äcker
der unergründlichen Tiefen.

Über die Autorinnen

Natali Mallek ist Dipl.-Sozialpädagogin und Gedächtnistrainerin (BVGT). Sie ist u.a. Gründerin und Autorin der Internetseite „Mal-alt-werden.de". Ihr Schwerpunkt liegt auf der Aktivierung und Beschäftigung von Seniorinnen und Senioren und Menschen mit Demenz.

Annika Schneider ist examinierte Ergotherapeutin, Autorin und Chefredakteurin der Internetseite „Mal-alt-werden.de". Sie erstellt Begegnungsangebote, Texte, Materialien und Fachbeiträge für die Begleitung von Seniorinnen und Senioren und Menschen mit Demenz.